50婚

影木、おひとり様やめるってよ

Married at 50

I, Eiki, decided to stop being single.

影木栄貴

Eiki Eiki

KADOKAWA

はじめに

はじめまして、またはこんにちは。影木栄貴と申します。この度は、私の初めての文字エッセイであるこの本をお手に取っていただきましてありがとうございます。

私は本来マニアックなジャンル（BL＝男性同士の恋愛を扱ったもの、百合＝女性同士の恋愛を扱ったものなど）の28年目になる漫画家なのですが、どちらかというと、故竹下登元総理大臣の孫、DAIGOの姉としての肩書きで有名です。最近、北川景子の義姉も増えて肩書きの大渋滞です。

しかし、そんなまわりの環境とは裏腹に、私は独自のオタク街道を突き進んできました。2009年までのオタク人生と家族との出来事は『エイキエイキのぶっちゃけ隊‼』（新書館）というコミックエッセイで描いているので、ぜひそちらをご覧ください。

そんな私が、50歳で結婚するというレアな体験をしました。

二次元キャラが大好きで、仕事柄引きこもり気味、恋愛経験はほぼ皆無で、おまけに少々性格にも難ありな、まわりからは絶対結婚できないと言われていた私が、です。

実際、私自身も結婚できた自分に驚いている状態です。まだたまに信じられません。

なので、そこに至るまでにはいろいろな葛藤や決意や行動があり、私はこの体験を本にすれば誰かの役に立つのではないかと考えました。


ここではっきり言っておきたいのは、私が結婚できたのは、私の家柄や職業とはまったく関係がないということです。むしろ家柄などは、婚活において不利に働く要素ですらありました。

だから「あの人は環境が特殊だから50歳で結婚できた」とは言わないでいただきたい。

ここに書いてあるのは、一人の等身大の普通のオタク女性が結婚するまでの道のりです。そこに至るまでの情けない恋愛事情まで、赤裸々すぎるほどにぶっちゃけています。そうしないとリアルが伝わらないと思ったからです。

だからこそ、誰にでも、どこかの部分で共感してもらえたり、安心してもらえたり、参考にしてもらえたりするのではないだろうか？　実際、私が結婚できるなら、ほとんどの人は結婚できると思うんだよね。

もし、この本が、少しでも結婚したいと思っているあなた、人生の選択に悩んでいるあなた、自分では動き出せないあなたの背中を、少しだけでも押す力になることができたら、私はめっちゃ幸せです。が、どうでしょうかね？

とりあえず読んでみてください。

ではどうぞ。はじまりはじまりー。

目次

第1章 独身生活50年のリアル

第2章

ひとりぼっちが苦手な私

第3章 その婚活、本気でやってますか？

第4章 自由な結婚の形

第5章

結婚は本当に必要か迷うあなたへ

第6章 自分が満足する人生の選択

Staff

カバーデザイン　菊池祐（ライラック）
本文デザイン　今住真由美（ライラック）
DTP　山本秀一、山本深雪（G-clef）
校正　麦秋アートセンター
編集協力　小田島瑠美子

第1章

独身生活50年のリアル

ある意味箱入り娘

総理大臣を祖父に持つというと、セレブでゴージャスな政治家一家を思い浮かべる方が多いのではないでしょうか？　でも実際そんなことはまったくありません。父は普通の（？）新聞記者のち政治家秘書、母は専業主婦で、本当にごくごく一般的な家庭なのです。

実際、小中学校時代は千葉県内の団地に住んでいた内藤家。私が進学した地元の公立中学校は、不良の男子が窓ガラスを割って先生と格闘していたり、女子は長いスカートに短いスカーフで、ぺちゃんこに潰したかばんを抱えたスケバンスタイルで登校していて、なかなか荒々しい学校でした。まあ時代的に公立中学はどこもそんな感じだったのかな。

そういった環境の中でも、私は「ワイの好きな『うる星やつら』のラムちゃんはそんな着こなしをしない！　ラムちゃんのセーラー服姿が正義！」と、スカートもスカーフも普通の長さで、かばんも潰さず、超マイペースに生きていたんですね。

もちろん友達もおとなしめ。休み時間に私が下手くそなノート漫画を描いていても、「うまいね」って褒めてくれるような優しい子たちばかりで、いわゆる漫画好きやスポーツに熱心な子など、真面目なグループに属していました。

ちなみに、私が生まれたときから祖父は大臣（佐藤栄作内閣の官房長官）で、普通その孫なら幼稚園とか小学校から私立に入ると思いますよね？　でも当時、私にも母にもなぜか〝お受験〟の〝お〟の字も頭になくて、私はしっかりと普通の公立小中学校で普通の生活を送ることになったのです。まあ7歳下のDAIGOは中学から私立でしたけどね。あれー？

おこづかいも、小学生時代は月々学年×100円。中学に入って初めて月1000円もらえるようになったというめちゃ普通の金銭感覚。まあDAIGOは小学生から1000円以下略。

ちなみに習い事はバレエとピアノをやっていたので、一見セレブそうに見えるのかな。だけど実情は全然違うのです。

バレエに関しては、たまたま父の姉である伯母が先生をしていたので、気づいたら3歳から習わされていました。伯母にとって姪っ子は私一人だけだったので、どうしてもやらせたかったんですね。しかし、何年習っても開脚もろくにできなかったし、つま先のまめが潰れてトウシューズはいつも血まみれ（泣）。「足から血を出しながら立つ意味がわからない！」って思いながらも、中学まで我慢して続けていた私、偉かったと思うわ（笑）。

ピアノは自分からやりたいと言いだして始めたけど、私、指の関節がおかしいのか、指が思うように動かなかったんですね。それで、ある程度のレベルになるとついて行けなくなり、こちらも中学生の間にやめました。まあ2つとも私には向いてなかったということなんですけど。

つまり、上品なマダムとお嬢様たちに囲まれた、セレブな習い事ライフではなかったということです。

高校からは私立に進学。母の母校でもある共立女子高等学校に入学しました。あのころは良妻賢母をうたうお嬢様学校だったのかな？　でも、普通の子もいたし、お金持ちの子もいたし、のちに同窓会で知ったのですが、派手な子や遊んでいる子もいたようです。ほら、私はおとなしめなグループにいたから。

そして、私の高校入学と同時期に、祖父が「ニューリーダー」と呼ばれるようになり、世田谷の竹下家では警備が難しいと、祖父は元総理大臣・故佐藤栄作邸を借りることになりました。それに合わせて空いた祖父の家に、内藤家がお引っ越しすることに。団地に比べたら格段に広くはなりましたが、別に生活水準が変わるわけでもなく、東京は電車が多くて便利だなと思うくらいで、それまでどおり普通の生活を送っていました。少なくとも私的には。

こんなふうに一般的な感覚の家庭で育った私ですが、一つだけとても厳しく教育されていたことがありました。それは「性」に関すること！

テレビにキスシーンが映るとすぐ消されたり、ちょっとでもセクシーな表紙の漫画を買うのを禁止されたり（『うる星やつら』は死守しましたが）。小学生のころ、私は隣の席になる男の子をことごとく好きになる子どもだったのですが、ある日、そのとき隣の席の男の子を家に呼んだら、母から「男の子と部屋で二人きりになるのはどうなの？」と言われてしまい……。それ以降、私は男子と二人きりで会うことがなぜダメなのか、その理由もわからないまま、自宅に男子を呼ばなくなりました。なんとなくいけないことだと察したんですね。

さらに、高校生くらいのときには「結婚するまでは、男の人とキスとかイチャイチャとかしちゃダメなのよ。結婚した後、脅されたりするかもしれないのよ」と母にまたまたわけのわからないことを言われ。まあつまり「結婚するまでセックスするな」という意味だったわけですが。時代もあったけど、当時の私はその言葉をすっかり信じたわけです。

要は、基本的には普通の家庭だったけど、男女交際や性的なことに関しては「超箱入り」。すっごい頑丈な箱に入れられて育ってしまったわけです。

だから、恋愛に関してとんでもなく奥手なのは当然で。大学3年生くらいのころ、友達から「生理が来なくてどうしよう」と相談されたときの衝撃といったら。

「結婚していなくてもセックスしてるだと……⁉」

見た目は普通に女子大生だったので、私にもそういう経験があると思って相談してくれたんだと思うけど、婚前交渉をダメだと思っている腐女子（ＢＬ好きの女性）にそんな経験あるわけなかったよね。

動揺を必死に隠しながら「検査薬で検査してみたらいいんじゃないかな……」という誰でもできそうなアドバイスをしてみたりしました。が、内心は「もしや、みんな彼氏とセックスしてるんか……？」という疑問が、頭の中をぐるぐると回り続けていました。

付き合っても、結婚するまで性交渉があるなんて思っていない。ある意味超絶ピュアに育ってしまった。セックスは結婚してからするものだと思っていた。そこらへんの女の子よりも貞操観念が固いどころではなく、それ以前の問題。ダイヤモンド級のめっちゃ頑丈な箱に入れられた娘だったのです。

性癖とBL

「婚前交渉はいけないもの」と刷り込まれ、性的なものを遠ざけられていた私ですが、人はダメと言われると余計に気になるもの（笑）。人間の三大欲求を無理やり止めると、欲望のはけ口が変なほうに向かってしまうんですよね。いや、これマジで。

中学生のころ、祖父母の家に遊びに行くと、祖父母の寝室にこっそり入って今はなき『週刊宝石』のエログラビアを盗み見ていました（笑）。

祖父の部屋にはいつも、すべての週刊誌がありました（政治家ならではなのかな?）。たくさんの週刊誌が積み上がっている中、私は『週刊文春』とか『週刊朝日』とかには見向きもせず、毎回一目散で『週刊宝石』を抜き取る（笑）！きれいな女の人の裸を見ながらドキドキしたり、見つからないかとヒヤヒヤしたりしていました。そしてそっと元あった位置に戻すのです。ダメダメ言われると人は隠れてやるようになるんですねー。

そして、ついにBLにはまるようになります。

当時はネットが普及していないので、今ほど簡単にBL作品に触れられる機会はありませんでした。たまたまBLを先に知っていた1歳上の従姉（金丸信と竹下登の孫であり、のちに一緒に同人活動を始める幽木遊貴）から、同人誌のBL（当時は「やおい」と呼ばれていた）の存在を教えられたのです。

まさに青天の霹靂《へきれき》！　頭の上に稲妻が落ちたみたいな衝撃っ……！

「ワイの求めていたものはこれだ――!!」

それは新しい世界が開いた瞬間でした。

ちなみに、私が初めて性的な昂《たかぶ》りを感じたのは小学生のときで、『キャプテン翼』の翼くんや岬くんたちが、けがをして痛がっている表情（笑）。それから、戦隊ヒーローが敵に痛めつけられたり縛られたりする姿にも、多大なる興奮を覚えました（笑）。性癖って、性を知る前からしっかり備わっているものなんですね。
ＢＬの世界は、そんな私の性癖にぴったりはまりました。痛がっている表情とエッチのときの表情が完全にリンク！　当時のＢＬはけっこう無理やり系が多くて、あまり甘々ラブラブ系はなかったからね。私がそういう作品を選んでただけ？

その後、高校生になってからは同人イベントに行くようになり、ちょっとエッチな同人誌を買い始めます。小学生のころから描いていたノート漫画も、それまではファンタジーとか女の子ばかり描いていたのに、どんどんＢＬに傾いていき、男キャラのスピンオフばかりになりました（笑）。

今思っても、思春期の私は、エロスに対する過大な期待と情熱がすごかった。欲求というより渇望。それを同人誌とかＢＬで消化していました。
とにかく親から超絶禁止されたがために、逆にエロに興味津々な子どもに育ってしまったんです（笑）。だから人間の三大欲求を以下略。

歪んだ性知識

性的なものへの興味はめちゃくちゃあった私ですが、性知識への理解はものすごーく遅れていました。小学校の性教育授業で止まっているレベル。

中学2年のとき、全校生徒が集められて、麻薬がどれだけ害悪かという動画を見せられる授業がありました。

その中で「麻薬を使用すると、誰とでもセックスしてしまう」というセリフが出てきたんですね。私はすかさず隣にいた友達に「セックスって何?」(!)と聞きました。友達は困ったように「お母さんに聞いたら」と言っただけでした。今思うと、お年頃の女子になんてことを聞いたんだ!とめちゃくちゃ申し訳なかったけど、私は純粋に言葉の意味がわからなかったんですよね。仕方ない。

で、その夜母に同じことを尋ねると、母は野菜を切る手を一旦止め、無言のまま何事もなかったように料理に戻りました。そのとき私は察しました。
「あ、これは聞いちゃいけないやつなんだ」
こうして、セックスという言葉は、私の中に小さな禁忌として残りました。実は今でも、セックスという文字を見たり聞いたりすると過剰に反応してしまいます。なんでもないフリをしてますけど、実は今も書いてて緊張しています（笑）。

これは余談ですが、『週刊宝石』やBLのおかげで、後にセックスの意味を知るわけですが、いかんせんどれも静止画なので、正しい知識を仕入れるまでには至りませんでした。

特に当時の漫画は今ほどダイナミックな性描写はなく、男性器を穴的な場所に入れるということはわかっても、腰を動かすことを知らなかったんですね（笑）。おかげで、高校のはじめのころに描いたエッチなノート漫画は、入れた瞬間にフィニッシュ！というシーンがあり（笑）。今も残っているけど、恥ずかしすぎて見せられない黒歴史です（笑）。

あと、股間の毛はすべて剃るものだと思っていたし（毛の描写がないから）、生理のとき、ナプキンは股間に直接貼り付けるものだと思っていました。そもそも自分に生理が来たのも中3でめちゃ遅かった。

まさしく、AVを見た男の子がそれを正しいと思ってしまうように、私もいろいろなところからつぎはぎで得た情報を、間違って覚えてしまっていたのです。

性について正しい知識を教えてもらう機会がない。聞いてはいけないもの。やってもいけないもの。そんなふうにまともな性教育を受けていないことで、どこかで「性＝悪」という概念になっていった気がします。


そんなわけで、私の性衝動はどんどんBL妄想に偏っていったうえに、その後、リアル男性と付き合ってからも、性関連でたびたび問題が起こるんですけど、それはこの概念の「呪い」だと思っています。

ちなみに、正しい（？）セックスの仕方は、大学生のときに弟（どっちとは言わない）の部屋に忍び込んで見つけた動画を盗み見て、初めて知るという（笑）。いやーこれもまた衝撃だった。動くんやーって（笑）。

ホント私のようになったらあかんよ。こんなんじゃダメだよね、日本の性教育。

恋愛免疫力ゼロの女

高校まではリアルな恋とは無縁だった私にも、大学時代からは浮いた話がちらほら出てくるようになってきます。

共立女子大に進学して間もなく、私は友達に誘われて、テニスとスキーと飲み会を楽しむようなK大のサークルに入りました。私はよく知らないで入ったけど、要するに出会いを求めて彼氏彼女を見つけるためのサークルですね。

ある日、私はそのサークルの先輩に告白されました。でも、そのころの私はまだ、付き合うといっても何をしていいのかわかりません。ましてや、結婚する相手以外とキスや性行為なんかできるわけがない、と思っているわけです（呪いが効いてる）。

何も返事ができず困った挙げ句、私はひたすら先輩を避けるようになりました。

その結果、先輩はしつこく連絡をしてきたり、最寄り駅までやってきたり、軽めのストーカーみたいになってしまって、私は余計怖くなるという悪循環。私も脈がないならないでちゃんと断ればいいのに、それができない。BL漫画は読んでいても、リアルな男の子には免疫ゼロだったんですよね。いや、今思うと本当に申し訳ないことをしてしまったと反省してます。

それから、駅員さんに憧れたのをきっかけに某駅でバイトをしていたころは、男の中に女が一人状態。多分すごくモテていました。

ある日、一人の男性に誘われて二人で遊園地に行った帰り、突然「付き合ってほしい」と言われました。だけど、私はその場で「ちょっと考えさせてほしい」と伝えて、なんとそのまま再びフェイドアウトです。他にも告白された人が何人かいたけど、結局私は同じことを繰り返すだけでした。重ね重ね申し訳ないことを以下略。

恋愛に関してはまったくのド素人の私の中では、「付き合う」＝「結婚」。「付き合ってエッチなどしようものなら、その相手と結婚しなければいけないんでしょう?」という超絶歪んだ認識を持っていたので、そんな考え方では、「とりあえず付き合ってみる」という選択肢はなかったわけです。まあ、相手との感覚が違いすぎて、付き合ったとしてもうまくいかなかったと思いますが。

それならちゃんと断れって話なんだけど、当時の私は自分の意見をはっきり言える性格ではなかったのです。シャイだった(笑)。今でこそ言いすぎるくらい発言する人間になりましたが、あのころはとにかく親の言うことを聞くいい子ちゃんで、そもそも自我や感情というものが欠落していたのかもしれません。今の私を知っている人にとっては、信じられないかもしれないけど(笑)。親に言わせると私は今が反抗期らしいです。

でもこうして振り返ると、彼らには本当に申し訳ないことをしたなと心から思います。反省。しかしリアル恋愛において私は同じようなことを繰り返しちゃうんだなー、これが。

20歳で結婚するはずだったのに

私は、子どものころから「20歳で結婚する！」と夢見ていました。なぜなら、働きたくなかった（↑）。

中学から高校にかけては、授業の多さがとにかく苦痛でした。大学に入って楽になるかと思いきや、2年までは校舎が高尾山の近く（当時）なうえ、毎日授業がびっしりあることに絶望……。4年になってようやく週1で通えばよくなって、初めて自由な時間を得た瞬間に、「ずっとこういう時間が欲しかったんや！」って気づいたんですよね（親から「学校は休まないもの」と言われて育ったため、サボるという選択肢も存在しなかった）。

自由な時間ができた途端、私は新書館という出版社でバイトを始め、同人誌活動もスタートさせたわけですが、そのおかげで半端なく忙しい毎日になりました。

同人誌というと、年2回のコミケを想像される方は多いと思うんですけど、小さいイベントは毎月あるわけですよ。そのイベントに向けて毎月新刊を発行する。そのために、毎週火曜日に大学に行くのと週3回のバイト以外は、ずーーっと漫画を描いている。徹夜もしまくる。そんな生活でした。

もちろん大学の課題はちゃんとこなしましたよ。仏文学を専攻していたので、卒論はジャン＝ジャック・ルソーの『エミール』を最初の40ページだけ読んで書くという、我ながら効率的な手法（↑）で、しっかりA判定。昔から独自の理論を展開するのは得意だったんですね。

同じころ、まだ大学生の私に、両親は何度かお見合い話を持ってきてくれました。歯医者さんの卵とか、大手メーカー勤務の高収入の人とか、いわゆる〝条件がいい人〟を何人か紹介されます。

だけど、「転勤先の海外について来てほしい」「ゆくゆくは親の介護をしてほしい」などという希望を提示されると、日本で漫画を描きたい私は、結婚どころかお付き合いに発展することもなく終了してしまうわけです。本当に申し訳以下略。

今思うと、結婚といってても家事や育児のことなんて一切考えていなかったんですね。「専業主婦になったら働かなくていい。自由時間にのんびりと好きな漫画を描けるやん！」という甘い考えだったわけだ。甘すぎる。

それと、20歳で結婚したかったもう一つの理由は、早くエッチなことをしてみたかったから（笑）。母が、結婚したらしてもいいって言ってたし。まあはっきり言えば、これが一番の理由だったんですけど（↑）。いや、結婚できなくてよかったです。結婚なめすぎですね。絶対即離婚してるよこの人。

そしてそんな私に、神様は漫画の世界での成功を用意してくれてしまいます。好きなものを描いて、買って読んでもらって承認欲求が満たされまくり、自分の居場所を見つけてしまった私は、どんどん漫画に没頭していき、恋愛や結婚のことを考える隙間などなくなってしまうのでした。

だから20歳で結婚という夢は叶わなかったのです。というか、そもそも4年制の大学に入っている時点で無理だったよね（笑）。

自分で決めた漫画編集者への道

前ページでも触れましたが、同人誌を始める少し前の大学3年の冬。私は新書館で漫画編集者のバイトを始めました。リクルートのバイト情報誌で見つけました。一番の希望はプロの漫画家になることだけど、「ワイはまだプロになれるレベルではない。それならとにかく漫画に近いところにいたいな!」と思ったのと、その先にある就職も見据えて選んだバイトでした。

事務作業は苦手でしたが(これは今も)、大好きな漫画家さんのところに原稿を受け取りに行く瞬間は、嬉しくてワクワクしました。漫画家を目指す私にとって貴重な勉強の場にもなりました。

ところで、私の大学時代に日本はバブルが崩壊し、まさに私が就職するタイミングで就職氷河期に突入。それまでの売り手市場にのんびりしていた学生さんたちは、就職先がなかなか決まらず四苦八苦していました。そんな中、漫画第一主義で行動していた私は、バイトからそのまま新書館の入社試験を受けて、難なく就活をクリアしたわけです。新書館が同人誌の活動を認めてくれたのも、入社を決めた要因の一つでした。

ちなみに、私はとても真面目な大学生だったので、同時期に仏文学研究室から助手のお誘いも来ていました。フランス語は好きだったし、それも魅力的だったけど、やっぱり漫画への愛情のほうが強かった。たとえ編集のお仕事が毎日のように終電帰りだとわかっていても、私はきれいな舗装された道ではなく、いばらの道を選択したわけです。

さらに、祖父もフランス系の会社を紹介しようとしてくれていたみたいです。ですが、私はけっこう若いころから「〝じーちゃんの孫〟であることにあぐらをかいていたら、祖父がいなくなったときに、自分の居場所がなくなる」と気づいていました。

なのでホームステイをしたり、さまざまなバイトを経験したり、とにかくがむしゃらに動いて、自分だけの何かを探しまくっていました。

親の言いなりだった私は、このころようやく自我に目覚めます。親に決められたわけでもなく、祖父とも関係のない、自分で見つけた新書館と同人誌の世界に飛び込んだのです。

祖父のコネを使わず見つけた漫画の道は、今でもかけがえのない私の居場所です。

漫画家デビュー

新書館に就職した1年目から、私は好きな同人作家さんを編集部におすすめするなど、意欲的に仕事に打ち込みました。実際、そのうちの何人かに声をかけて、今でも新書館で描いてくれている先生もいます。蔵王大志（漫画家。のちに同人、商業共に長きにわたる相方となる）もその一人です。

でも、1年目って、漫画家さんの担当をやらせてもらえないんですよね。私がすすめたのにその方の担当をやらせてもらえないのは、少しガッカリしました。

2年目からは担当を持たせてもらい、ネームをチェックしたり、投稿作品の批評をしたり、写植を指定したり貼ったり、広告ページを作ったり、出張校正に行ったり（当時の仕事です）、編集者としてそれなりに充実した日々を送っていました。まあやっぱり当時から事務作業はホント苦手で、刷りだしや読者プレゼントの発送が遅れたりしたのは本当に申し訳なかったです。あれは私のせいです。

一方、就職後も続けていた同人誌のほうも、順調に発行部数を増やしていきました。

ですが、島サークルから壁サークルへと順調に成長していくにしたがって、仕事と漫画執筆の両立が難しくなり、私はだんだんと疲弊していきます。毎日終電で帰って、深夜から自分の漫画を描く。そんな生活を続けているうちに、倒れたり、寝坊して仕事に遅刻したりすることも増えていきました。もともと体弱かったし。このころは、それまで真面目が取り柄だった私が、人生でもっとも不真面目だった時期だったかもしれません。本当にすみません。

そして忘れもしない、私の24歳の誕生日の早朝。冬コミの原稿に追われ、多忙すぎる生活に限界を感じた私は、父の前で号泣していました。

「会社に行ってたら冬コミに間に合わない！　もう会社を辞めたい……」

「……辞めてもいいよ。お父さんも一度選挙に出て落選したから、後悔せず諦められた。栄子の好きに生きなさい」

空手をやっていて厳格な父が快く背中を押してくれたのは、間違いなく励みになりました。

その後、編集長にも相談をすると、幸いにも「プロの漫画家になるまでは嘱託で働いたら？」と好条件を提示してくれました。おかげで3年目は嘱託社員となり、時間もできて、ここから事実上、私の漫画家としての歩みが始まるのです。

それから半年。投稿作品を持ち込みツアーした後、1996年10月28日。影木栄貴は、『月刊ウィングス』にて『運命にKISS』で念願のデビュー。途中、自分の原稿に写植を貼ったり校正したり、作家と編集の混じったレアな二足の草鞋《わらじ》を履いたりしていましたが、翌年3月には、嘱託社員も辞め、漫画家として独り立ちすることになりました。

編集者として働いた3年はすごく大変で、今思い出しても苦しいことは多かった。だけど、この期間にプロの生原稿やネームを無数に見られたことはとても勉強になったし、今のアドバイザー仕事にも活かされてるし、ワープロも使えるようになったし、私の漫画家人生にとっては、とても大切で必要な時期だったと思っています。新書館のみなさま、本当にありがとうございました。ちなみに、当時の編集長は今も私の担当さんです。

母ちゃん、嘘……だろ⁉

漫画家としてデビューしてからは、とにかく順調でした。ありがたいことに仕事をたくさんいただけて、『月刊ウィングス』『ディアプラス』で連載を持ちつつ、不定期で読み切りなども描く日々。コミックスは発売するとすぐ重版。

漫画家って売れ始めると、それまで描いている出版社以外からも依頼が来るようになるんですね。「描いてほしい」と言われるのは素直に嬉しいし、自分の中では全部やりたいけど、しばらくの間はお世話になった新書館に操を立てるように、他社ではイラストの仕事だけを受けるようにしていました。もちろん同人活動も並行して続けていました。

忙しいのは編集者時代と変わらないけど、好きなことだけをやれて、それで生活ができるなんてハッピー！　しかも売れてたし。嬉しい悲鳴が止まりません。

仕事のしすぎでしょっちゅう倒れましたが、まあ売れ始めの新人が、仕事を受けすぎて一度壊れるのはBL作家あるあるです。

ところで、デビューして編集者を辞めたころ、祖父母が旧竹下邸に戻ってくることになりました。新しい内藤家には私の部屋はなく、私は初の一人暮らしを始めます。実家にほど近い場所にある、10畳ほどのワンルームが、私の最初のお城になりました。

何をするにも両親の目が光っていた生活からの解放！

私は思いっきり羽を伸ばしました。好きな時間に寝て起きる。門限がないから夜の街を散歩する。深夜にカップラーメンやジャンクフード、お菓子を食べる。……私が考える自由な暮らしってそんなものだけど、どれも実家暮らしでは止められていたので、変な高揚感でいっぱいでした。いや、人間ってダメって言われると以下略。

そんな、自由で多忙な漫画家生活が延々と続きました。気づいたら私は28歳。

アラサーです。

するとある日、母が思いがけないことを言いだしました。

「あなた、今まで一人も彼氏いないの？」

え？　え？？　ちょっと待って！　そういうのダメって言ってなかった？？？

それ、今さら言う？　もっと早く言えや――ッ‼

このころかな、親の言うことは絶対じゃないって気づいたのは。母の言葉は私を混乱させると同時に、婚前交渉解禁宣言となりました。そして私はちょうど一人暮らし。そーかー、やっていいのかー。

初めての営み

28歳のとき、友達に誘われて、家から近い飲み屋さんに通うようになりました（私はお酒を飲めないけど）。そして、そこで出会った男性と仲良くなり、お付き合いすることになったんです。いやー、両想いってすごい嬉しいよね。その人は、当時私が一人暮らしをしていたマンションの近くに引っ越してきてくれたりもしました。

リアル男性とちゃんと交際するのは初めてのこと。母ちゃんのGOも出たことだし、ちょうどいいタイミングで恋人ができた私は、ついに切望していた初体験に臨むことになります！「○○さんの部屋に猫ちゃん見に行きたいなー」とか言ったりして。完全にOKサインです。

ですがね、なんと言ったらいいか、なかなかうまくいかず、最後までできなかったんですね……。途中まではやったんだけど。なんかことごとくタイミングが悪く。するとそれを機に、私の彼への気持ちとセックスへの興味はスーッと冷めてしまいました。なぜかセックスが無理になってしまったというか。もしかしたら「結婚するまではダメ」という呪いが発動したのか、思っていたのと違ったのか、できなかったのがショックだったのか、今となってはわかりませんが。

結局、本心を明かせないまま誘いを断り続け、「漫画に集中したい」という理由をつけて、3ヶ月くらいでお別れしました。せっかく引っ越してきてくれたのに、本当に申し訳ないです。

それから2年がたち、30歳のとき、まだセックスをちゃんと経験できていないことに、私はかなり焦りを感じていました。まわりの友達がどんどん結婚し始める中、私は一回もセックスをしたことがない。みんなが普通にできていることを、なぜ私はできないのか。かなり悩み、かなりのコンプレックスになっていました。今思えば「30歳なんてまだまだじゃん」って感じなんですけどね。

これではいかん！と私は行動を起こします。友達にお願いして男性を紹介してもらったのです。その人と二人で会ってお話ししたら、波長が合って顔も好みで（↑）、私たちはすぐに付き合うことになりました。

で、再び初体験のチャンスが舞い込みます！

いよいよ体を重ねることに……。

＄％＆＠＃◎♪！……。

で、できたあああああああああ！

まさにカルチャーショック！　初体験は何もかもが新鮮で、なんか感激でいっぱいでした。

ことを終え、鏡の前で自分を見つめたときの達成感。

「ワイ、大人になった……。今日生まれ変わったんや……！」

30歳にしてようやく大願成就した私は、そこはかとない充実感と幸福感で満たされていました。世界がキラキラしてた。

そう、満たされていたんです。人肌ってすごい落ち着くんだな、とか、この人をずっと失いたくないな、とか。思ってたんですけどね。

しかし……5回もしたらなぜかまたセックスが嫌になってしまった。無理になってしまった。ナニコレ⁉ むしろ気持ち悪いとすら感じるようになってしまったのです。

理由を考えてみたんですが、やはり呪いが効いてたのかな、というのもありましたが、実は私、小学生のころにけっこうな痴漢に遭っているんですね。道を教えてほしいという大人の男性に声をかけられて、神社の境内に一緒に入っていくと、「足の研究をしている」などと言われ、気づくと私は下半身を触られていました。おかしいと思ってすぐに逃げ出したのですが、子ども心に「いけないこと、恥ずかしいことをされた」という意識があって、最近まで親にも報告できませんでした。それから、電車や本屋さんでもかなり際どい痴漢に遭いました。

そのせいで私の中に生まれていた男性への嫌悪感は、大人になってからも消えることなく、恋愛や性交渉に対してもどこか影を落としていたのかもしれないなあ、とちょっとだけ思ったりもしました。まあ、あとは二次元のエロのほうがいいな！って（↑）。

でも正直、今でもさっぱり理由はわかっていないんです。実は男嫌いなのか、慣れていないだけなのか、私自身にも真相はいまだに謎です。

こうして、彼との性の不一致が生じてモヤモヤし始めた私は、また例の悪い癖を発動してしまいます。徐々に連絡をしなくなり、またもや漫画が忙しいという言い訳で、彼からもフェイドアウト！　最終的にあちらから「好きな人ができた」という手紙が届いて、ちゃんと別れて終わることはできましたけどね。本当重ね重ね申し訳ない。全部私が悪いです。自我が芽生えても、恋愛に関してだけは何も成長していない。

しかし、無事初体験を済ませて安心し、もういいやと思ってしまった私は、この後長い間、リアル恋愛から遠ざかることになるのです。

余談ですが、初体験で私は血が出ませんでした。多分、股間にできものができて婦人科に行ったときの内診で喪失したかと。すごい痛かったし、血も出たし。なんで性交渉の有無を聞かれなかったのか、今でも疑問です。時代？　20代も半ばだったから？　今は聞かれるよね？？

人生一番の大恋愛

ところで、前述の彼氏とお別れした理由はもう一つありました。このとき、私は人生で一番の大恋愛をしてしまったのです。私が30歳で運命的な出会いを果たしたのは、藍色の髪と憂いを含んだ緑の瞳を持つ少年――その名はアスラン・ザラ。『機動戦士ガンダムSEED』の主要人物の一人です。

アニメで彼の姿を見るたびに惹かれていった私は、次第に仕事が手に付かなくなります。寝ても起きてもアスランのことを考え、毎晩狂ったようにアスランのエッチな絵を描き続ける日々。担当編集さんに、「今はアスランのことしか考えられないので、仕事ができません」って言ったら、「それは仕方ないわね」って笑ってたっけ。どうかしてるぜ（笑）。

そんなわけですべての連載を中断し、毎日ひたすらアスランを描いていました。

基本的には私の性癖に従い、アスランがひたすら××されるお話（笑）。同人誌として世に出すと、たくさんの人がスペースに並んでくれて（そのころ私と蔵王大志の同人活動はシャッター前サークルへと拡大していた）、私のアスラン愛をたくさんの人に見てもらえたその時期は幸せそのものでした。

だけど、迎えた『機動戦士ガンダムSEED』の最終回で、私の愛するアスランが！　登場人物の女の子の一人とキス！！！

「あ、失恋した……」

私の大恋愛は幕を閉じたかに思えました。

それから1年。続編となる『機動戦士ガンダムSEED DESTINY』がスタートします。失恋の傷はとっくに癒えていたはずの私でしたが、ドキドキしながら1話を見ると、アスランとその女の子はゴールインしていないではないですか！　むしろすれ違っている！

私の恋は終わっていなかった！　アスラン愛は再び私を突き動かし、以前にも増して描きまくり、読みまくりました。大好きな作家さんを集め、やりたい装丁も全部詰め込んだ、アスラン愛の集大成となる『アスラン読本』というアンソロジーも作りました。今考えてもあのときの行動力は異常。おかげで「影木栄貴といえばアスラン」と言われるほど、私の愛は同人誌の世界で広がっていったのです。再燃した恋ってこんなにも燃え上がるんですね。

今振り返ってもあんなに愛した人はいない。素晴らしい大恋愛だった……。で、最近20年ぶりに新作映画が公開されましてね。なんかまたアスランのことしか考えたくない危険な兆候が表れています（笑）。

なお、アスランに失恋している間に『鋼《はがね》の錬金術師』のロイ・マスタング、『デスノート』の夜神月《やがみライト》などにも恋しまして。恋多き女になった私は彼らのことも描きまくって、最終的に、同人誌発行部数が最高3万部に到達したことをお知らせしておきます。いやー恋の力ってすごいな。

次々と好きなものができて、頭の中では描きたいものが溢れてくる。当時、私の本気の恋愛は二次元の中にしかなかったんだと思います。

公開お見合いで諦めた結婚と出産

アスランとの大恋愛が落ち着いてきた私は、36歳になっていました。アラフォー突入です。同時期、ずっと長い間生理不順とPMSで体調を崩していた私は、ピルを飲むようになります。しかしなんと、ピルを飲み始めたら体調はよくなったけど、性衝動が〝凪《なぎ》〟に入ってしまった！　私はあまり二次元キャラに恋をしなくなり、性的なことに執着がなくなってしまったんです。不思議ー。

私はのこのこと商業漫画に復帰し、至って理性的に作品作りに向き合うようになります。芸能界を舞台にしたBL漫画『LOVE STAGE!!』を発案したのはこのころ。アニメ化を目指して、意識的にストーリーを組み立てた作品です。当時ブレイク直後だったDAIGO的なキャラを入れておけば、いつかメディア化するときに何かの役に立つのかな、なんて考えたりもして。策士（笑）。

38歳のとき、『LOVE STAGE!!』の連載がスタートします。別の連載も同時進行していたため、多忙を極める日々が戻ってきました。アシスタントと同居を始めたことも重なり、私はますますリアル恋愛からも遠ざかっていくのでした。


そんな生活が続き、40歳を間近にしたとき、ふとある思いが頭をよぎりました。

「結婚しなくていいのかな？　子どもを産まなくていいのかな？」

もちろん、漫画家になってからも結婚を考えたことは何度もありました。ただ、それは仕事で壁にぶつかったときの逃げ道でしかありませんでした。だから、このときが初めてちゃんと結婚と向き合った瞬間だったのかもしれません。

その少し前、DAIGOがブレイクして、私も一緒にテレビに呼ばれる機会が増えていました。出産のリミットを意識し、結婚への思いも捨てきれなかった私は、某番組の打ち合わせで「結婚したいので、テレビでお見合い相手を募集してくださいよ」と口走っていました。何気なく発した私の発言は、なぜか実現することになり、お見合い番組が企画されたのです。

お見合いでは4人の男性と対面。テレビに顔を出すこともいとわず応募してくれたのだから、おそらくみなさん本気で来てくれていたと思います。もちろん私も本気で挑みました。

みなさんいい方ばかりでその場では1人に絞れず、なんとか2人の男性を選びました。真剣交際が始まるかと思いきや、2人とも関西の人。しばらくメールのやり取りを重ねたものの、結局、お二方とも関係が進展することはありませんでした。ちょうど東日本大震災が重なって直接会うことができなかったのもうまくいかなかった要因かなと思っています。自分から言いだして、日本の電波を使ってお見合いをしたというのにダメだった……。アカン……！

2011年、40歳。まわりに迷惑をかけてまでしたお見合いですらうまくいかないなら、私はもう結婚なんてできない。結婚ができなきゃ出産もできるわけない。

それなら仕事に生きよう。結婚と子供は諦めよう。私は新たな決意を胸に刻みました。と、思ってたんだけどねー。

VoL.1 両親。

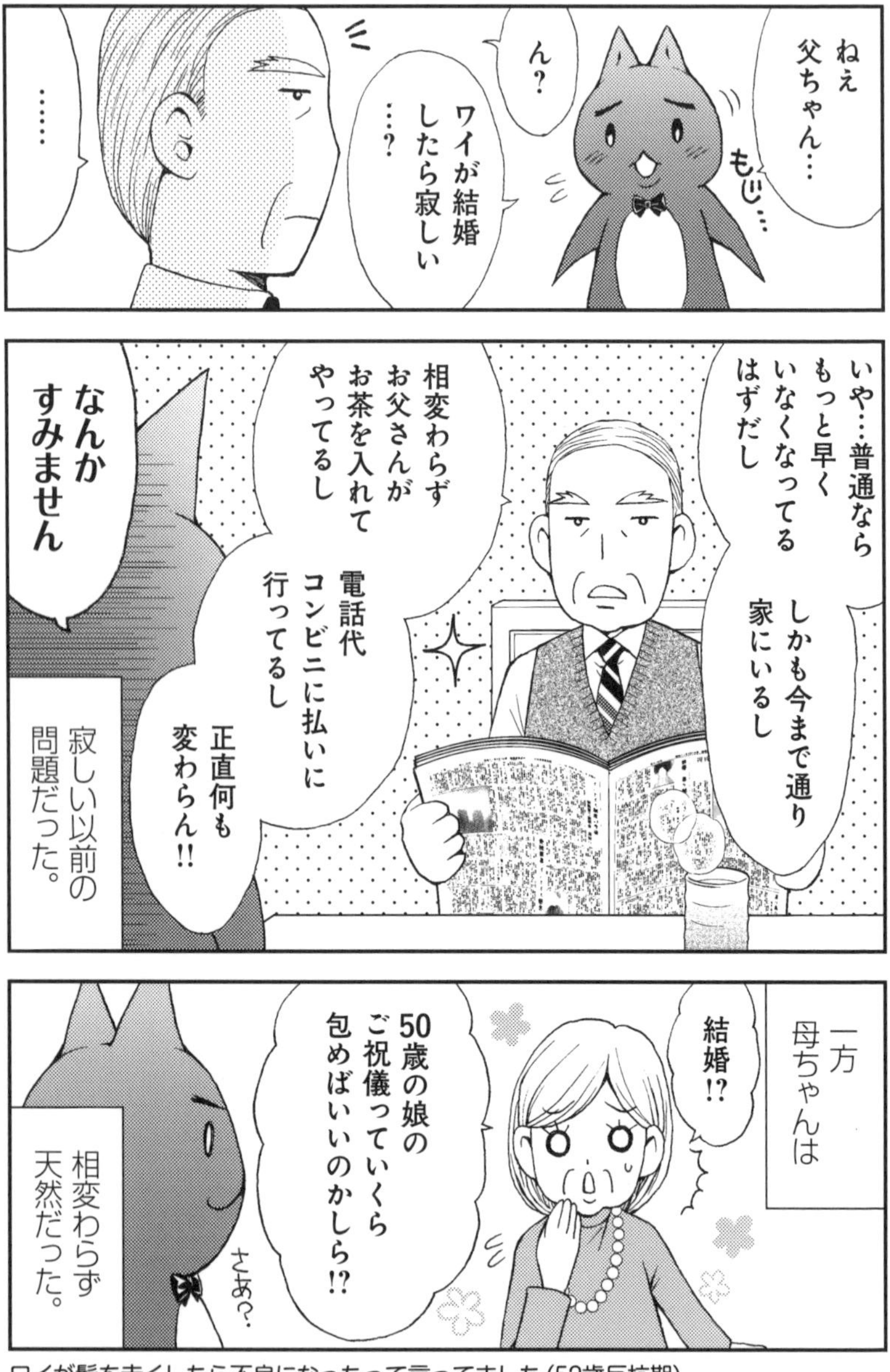
ねえ父ちゃん…
もじ…
ん?
ワイが結婚したら寂しい…?
……
いや…普通ならもっと早くいなくなってるはずだし
しかも今まで通り家にいるし
相変わらずお父さんがお茶を入れてやってるし
電話代コンビニに払いに行ってるし
正直何も変わらん!!
なんかすみません
寂しい以前の問題だった。
一方母ちゃんは
結婚!?
50歳の娘のご祝儀っていくら包めばいいのかしら!?
さあ?
相変わらず天然だった。

ワイが髪を赤くしたら不良になったって言ってました(52歳反抗期)。

第 2 章

ひとりぼっちが苦手な私

一人暮らしは不向きな私

さて、話は遡《さかのぼ》ります。漫画家デビュー後、25歳にして初めての一人暮らしを謳歌していた私ですが、仕事で体力的には限界で、炊事、掃除、洗濯など家事全般、生活に関することは何一つできませんでした。

前にも書きましたが、私が初めての一人暮らしの家に選んだのは、実家近くのワンルームマンションです。食事は外食やテイクアウトで済ませていたけど、部屋は散らかり放題……。何もできない私の代わりに、母がしょっちゅう洗濯や掃除をしに来てくれました。一人でごはんを食べるのが嫌だって言ったら、お弁当を持って両親が来てくれたこともあったかな。

「あなたは一人暮らしをして自立したって言うけど、全然自立してませんから」

母ちゃん、本当そのとおり！

それからしばらくは、その部屋に暮らしながら一人で漫画を描いていたんですが、仕事が増えてアシスタントが必要になりまして。ワンルームだとアシさんを泊められる場所がないので、もう少し広い部屋に引っ越すことにしました。

もっとも大事な条件は、実家からなるべく離れたくないということ。母の支えがないとやっていけませんから。だけど、最寄り駅には一人暮らし用のワンルームや1Kが多く、1LDK以上の手ごろな物件がほとんどありませんでした。仕方なくエリアを広げて探した結果、隣駅によさげな1LDKを発見。すぐに契約し、2段ベッドも購入。布団も敷けば、アシスタントが3人は寝られます。

さあ、新居で漫画頑張るぞ！と意気込んだのもつかの間。気づいてしまいました。私自身の部屋がないことに……。でも、既に契約してしまっているので後の祭り。私は仕事場であるリビングのソファーで寝ることにして、ひたすら漫画と向き合うことになりました。どこででも何時でも寝られるのは特技だったし、大丈夫！と、思っていました。

しかし、新居は実家から少し離れているので、今までのように母が気楽に来られない。いや、それでも両親はできる限り通ってくれましたが、頻度は減りました。そのせいで、私の家は確実に汚部屋へと進化していきました。

きれいなキッチンは使われることなく、飲み残したペットボトルがコレクションのように並んでいきます。何日も放置すると、ペットボトルってカビが生えてくるんですよ（！）。色とりどりのカビを眺めながら「私はカビの研究をしているんだな！　新種を発見してしまうかもしれない」と自分に言い聞かせ、頑なに片付けませんでした。当時相方だった蔵王は、その光景を見て「この人とは一緒に暮らせない」って思ったらしいです（笑）。

さらにこのころ、私はひどいＰＭＳ（今ほどＰＭＳという言葉はメジャーではなかった）に悩むようになっていました。昔から生理不順で、周期が２ヶ月空いたり半年空いたりめちゃくちゃ。そのせいもあるのか、生理前の倦怠感や鬱っぽさが長期間続く。そして生理が来ると、すごい腹痛や頭痛で動けなくなる。しかし婦人科に行っても異常はナシ。今となってはめちゃめちゃな生活スタイルのせいだろ、ってわかりますが、とにかく仕事にも支障をきたし、気持ちが沈みがちになってしまっていました。

仕事もギリギリ、それ以外はまったく体が言うことを聞かない日が続くと、さすがにこのままではまずいだろ……という不安がよぎりました。食欲もあまりなく、どんどん痩せていく一方。

熟考を重ねて出した結論は「ペットを飼うこと」。一人暮らしが寂しいから心も不安定になったのではないか。寂しさを紛らわすならペットがいいんじゃないか。癒やされれば、気持ちが上向くに違いない、と考えました。浅はか。

ただし、自分のことすらちゃんとできない私が、犬や猫の面倒を見られる気がしない。私でも飼えそうなペットを調べると、ウサギが最適ではないかと。鳴かない、トイレを覚える、フンはコロコロで臭くない。夜行性。しかも、ホーランドロップというたれ耳のウサギが、永遠の子犬みたいなめちゃかわいいビジュアル♡　その見た目がかなりストライクで。

さっそく、ペットショップで出会った、目の赤いセーブルポイントという毛色のホーランドロップをお迎えし、ルビーと名付けました。通称ルビたん。ケージの中でガシャンガシャン跳ね回るわ、抱っこさせてくれないわ、ちょっと思っていたのとは違ったけど、ルビたんは運よく手がかからない子で（これは2代目をお迎えしてから判明する）、そのかわいさと存在で私を癒やしてくれました。

だけど、ルビたんのかわいさをもってしても、私の精神状態はあまり改善しませんでした。毎日ネガティブなことばかり考えては、母に電話して「死にたい」「未来が見えない」と不安をこぼしていました。そんな私にいつもふんわりと寄り添ってくれた母の偉大な天然さには感謝が尽きません。

「大丈夫。あなたが何もできなくなっても、お母さんがいるから大丈夫よ」

母のその言葉が一番心強かったな。まあそんなことを言いながら、母はひそかに私に1億円の生命保険をかけていたんですけどね。えっと母ちゃん？

一人暮らしを始めておよそ3年。漫画家としても越えなきゃいけない壁が増えてきて、体と心が日に日に弱っていった私が知った、自分の真実。

「ワイ、もしかして一人暮らし苦手か？」

誰の制約も受けずに自由に生きたいのに、一人だと寂しくてしんじゃうという、ほんと厄介な性格だということがこの時期判明してしまいました。

ばーちゃんと同居

私の精神状態がどん底に落ちていたころ、祖父が亡くなりました。残された祖母は、広い一軒家にお手伝いさんと二人きりで暮らすことに。祖母はそれはもうすごく寂しがっていました。ばーちゃん、じーちゃんのこと好きだったんやな。

そのころ、私もちょうど一人暮らしの寂しさから抜け出したいと思っていた時期。私はナイスアイデアを思いつきます。祖母と同居すればいいんじゃない？と。

さっそく祖母に「一緒に暮らさない？」と持ちかけてみました。前までの祖母なら絶対首を縦に振らなかっただろうけど、意外にもあっさりと私の提案に乗ってきたんです。やっぱり寂しいっていうのは大きかったのかな。私は家賃をちゃんと払うことを約束し、祖母と二人、寂しさを埋めるように同居生活を始めることにしました。

名案すぎると自画自賛したものの、結局私が仕事以外のことをやる気力体力がないのは変わりなく、祖母もかなりの歳になっていたので、結局この家にも母は毎日来てくれて、私たち二人の身の回りの世話をすることになるわけです。家は近いとはいえ労力2倍。母ちゃん、本当にありがとう。

さて、一緒に住んでみると、祖母も私と同じく夜行性なところがあり、夜中におなかが空いたな～って思ってキッチンに行くと、祖母がサッポロ一番を作ってるところに遭遇したりしました（笑）。「ワイにも一口ちょうだい」と、深夜に二人、サッポロ一番をすする生活はなかなか楽しかったです。やっぱり話す相手がいるっていいよね。両親やＤＡＩＧＯが来て、麻雀をやったりもしました。

アシスタントにとっても、この時期はいい環境だったんじゃないかな。祖母の家は3階建てでとにかく広く、3階にはお手伝いさん用の部屋が3部屋あったので、アシさんは個室で寝られるんですよ。お風呂だってめちゃくちゃ広い。まあたまにセコムの誤操作事件はありましたが。「これ何かな？」とボタンを押したのは、当時アシスタントだったぢゅん子（現在は漫画家。代表作は『私がモテてどうすんだ』講談社）さんでした（笑）。普通押すかな？
それに、基本的に仕事中は祖母と私たちの食事は別々にしていたけど、ときどきお呼ばれして一緒に食事をすることもあって。祖父が亡くなってもお中元やお歳暮は変わらず届いていたので、祖母とお手伝いさんで食べきれない分の蟹やステーキなんかを、私やアシさんたちに振る舞ってくれたりしていました。ある意味、祖父がいなくなると全部なくなる、という私の考えは間違っていたわけです。祖父の命日や誕生日には今でも花が届きます。人望あったんやな、じーちゃん。

そんなこんなで、一人きりじゃない生活で寂しさはなくなったけど、仕事の忙しさは相変わらずで、体調が改善することはありませんでした。むしろどんどん悪くなっていく。今思うと、このころが自律神経失調症の始まりだったのかもしれません。

ルームシェアも不向きな私

祖母の家で過ごして5年。私が33歳になったころ、祖母が腰の手術をすることになりました。その介護のため、私と入れ替わりで母がこの家で暮らすことになり、私は一人暮らしに戻らざるを得なくなります。

次の家はこれまでの経験を活かし、仕事部屋以外に私の部屋とアシスタント用の寝室がちゃんとある2LDK。しかも実家に激近い。そのころぢゅん子さんがデビューし、アシスタント作業と並行して自分の原稿を描いたり、私が彼女のネームの相談に乗ったりとわりと常駐していて、一人暮らしといえど、一人きりの時間が少なかったのはよかった。今でもチーフアシの卯月潤くん（漫画家兼アシスタント。現在は2児の母）も、うちで同人原稿やってたな。寂しくないうえに、自分のパーソナルスペースをちゃんと確保できているので、お互い息がつまることもない。祖母の家までとはいかなくても、なかなかいい環境ではないですか。

だけど、相変わらず生理前の倦怠感や精神的不調は収まりません。「頭が混乱して、今はまったくネームができません」と担当さんに泣きついたこともありました。

36歳のとき、私はいい加減この不調とサヨナラしたく、婦人科や心療内科に行くことにしました。

婦人科は何ヶ所も探したんですが、なかなかいい病院に巡り合えず（詳細は後で話します）、友達が教えてくれた病院でやっとピルを処方してもらったら、症状は劇的に改善！　生理が軽くなってPMS症状もよくなり、私の体は元気を取り戻しました。こんなに楽なら、もっと早くピルを飲んでおけばよかった！

ちなみに、とある心療内科で「季節性の鬱ですね」と診断されたことがあったけど、今考えると「いや、あれはネームができなかったから落ち込んでいただけだ」って思うんですよね。実際ネームができたら浮上したし。正直こんな簡単に鬱って診断しちゃいかんよ、と思いました。本当に鬱の方に迷惑ですよね。今は違うのかな？

38歳になった私は、心も体もすっかり元気になっていて、「今もほとんど同居状態だし、アシスタントを誘ってルームシェアすればいいじゃない？」という名案を思いつきました。これを機に、ぢゅん子さんと、もう一人、会社員をやりながら漫画を描き、アシスタントをしてくれていた弟子Yさんを誘ってみると、二人とも乗り気で実現することに。

３人で暮らすために見つけた新居は、１４０平米もある４ＬＤＫ。家賃は40万！　リビングはめちゃくちゃ広くて、それぞれの個室に加えて、他のアシさんの部屋もあり、トイレも２つある。家賃は私が多めに出し、食費や光熱費も持つことにして、彼女たちには月々定額の家賃を払ってもらうことにしました。掃除や洗濯、ゴミ出しの当番も決めて、いよいよ女子３人のルームシェアが始まります（余談ですが、このときの保証人は、会社員をやっている弟の博文がなってくれました。ＤＡＩＧＯと私は自由業なので、お互い保証人になれないという不思議な話）。

日々、夜中に誰からともなくリビングのこたつに集まって開かれる女子会。しかもオタクが3人そろっているわけだから、漫画の話をしたり、アニメを見たり、誰かがゲームをしているのを眺めたり。そんな時間がとにかく楽しかった。それに、買ってきた漫画を交換して読み合うこともできる。特にぢゅん子さんは流行りに敏感で、私が普段読まないような漫画を次々と持ち込んでくれた。『進撃の巨人』も1巻が出た段階で買ってましたからね。私も視野が広がったし、ルームシェアってメリットたくさんあるじゃん！と、はじめはいい部分しか見えなかったんです。

ですがね、日に日に共用スペースは散らかっていき、少しずつ不快感を抱くことが増えていきました。洗濯やゴミ出しの当番も決めたけど……うん、二人ともとっても自由な人だったんですね（笑）。二人はその状態があまり気にならなかったようで、結局気になってしまう私が、掃除も料理もゴミ捨ても自らやるようになっていきました。もちろん母の力も借りながら。

そんな中、Yさんが会社を辞めて漫画家に専念することになりました。彼女は漫画を描くのに時間がかかるタイプで、ますます家のことが何もできなくなってしまいます。作品を1本作るのに時間がかかるというのは、その分収入も少なくなるということ。会社員時代の貯金が減り、だんだん追い詰められる彼女を、私は精神的にも金銭的にも生活面でも支えなければならなくなりました。

一方、ぢゅん子さんは売れっ子になっていき、私は仕事の面で彼女をサポートすることが増えました。ネームのアドバイスもそうだけど、ぢゅん子さんのアシスタントが来る前に私がリビングの掃除をして、アシスタントの食事を用意するとか。

あれだけ母に支えられてきた私が、誰かを支えるなんて衝撃的（笑）。でも、当時ピルのおかげで元気になっていた私は、二人のフォローができてしまったんですよね。多分このころが、私が一番家事をした時期だったと思います。あと、人生で唯一、毎日お風呂に入れた時期でもあった。

とはいえ、そのときの私は『LOVE STAGE!!』の連載真っただ中、他にも連載があったり、小説の原作があったり、DAIGOコラボの原作があったり。3人の中で多分一番忙しかった。

「ワイが一番忙しくて、ワイが一番お金を払っているのに、なんでワイが一番家のことをしてるんや？　なんでワイが全力で彼女たちを支えてるんかな？」

　限界。


　今振り返ると、もしかしたら私は真面目すぎたのかもしれません。各々が自分の責任で自分の仕事や生活をすればいいのに、どうしても彼女たちのことをほっとけなくて、手を差し伸べてしまった。もう少しドライになれれば楽だったのかもしれないなと思います。

　女友達とのルームシェアはいいことばかりじゃない。価値観が同じじゃないと誰かに負担がかかるし、全員の仕事（＝収入）が安定していないと、ひずみは簡単に生じてしまうものだと、このとき学びました。

自律神経

ルームシェアが4年目に突入、『LOVE STAGE‼』のアニメ化も決まり、多忙を極めていたころ、2代目ウサギ・ラブたんが病気がちで手がかかる子だったのもあり、私の中ではこれ以上の共同生活継続が難しくなっていました。

そんなとき、祖母が亡くなり、祖母の家に父、母、DAIGOが住むことになりました。今まで一人暮らしをしていたのは「実家に私の部屋がない」が理由の一つだったのですが、祖母の家なら広いし、私の部屋も確保できるんじゃないかと思い、すぐに母に相談しました。「実家に帰りたい」と。ずっと私のルームシェアの悩みを聞いてくれていた母は、快く賛成してくれて、3階を大々的にリフォームし、受け入れ態勢を整えてくれました。

そして42歳のとき、17年ぶりに実家に戻ることに（高校生から25歳まで住んでいた実家であり、28歳から32歳までは〝祖母の家〟として住んだ家であり、そういう意味では2度目の出戻り）。

そういえば、祖母が他界したのは、私が祖母の家を出てから8年後でしたが、その間、私は近所に住んでいたのに、なかなか会いに行けなかったんですね。それを後悔した私は「父ちゃんの最期までは一緒にいよう」という気概を持って帰ったという側面もあります。

父の家系は短命で、父も脳梗塞や大腸がんなど病気がちだったのもあり、父と過ごせる時間はそんなに長くないだろうと思っていたんです。実際、同居直後には腎臓がんと診断され、即手術。一旦は落ち着くも、その後、再び大腸がんが見つかり、肝臓にも転移してステージ4と言われたりもしました。幸いにも抗がん剤がめっちゃ効いて手術が成功し、何度か再発するも、その度に手術を繰り返した結果、今現在は再発もなく、10年以上たった今でもピンピンしていて、思いがけず長い時間を共に暮らしています。嬉しい誤算ですね（笑）。

とにかく実家に戻ってからは、リフォームしたばかりの、私専用のバス・トイレもある完全にプライベートが独立したピカピカの部屋で「ワイは今幸せや……」と思ったりして（笑）。私は実家にいながらにして、自由を手に入れたのです。両親には働くニートと呼ばれていましたが。

そんなこんなで『ＬＯＶＥ ＳＴＡＧＥ‼』のアニメ化でめちゃくちゃ忙しい日々も終わり、ぬくぬくと暮らしていたある日、突然ひどい頭痛に襲われました。鎮痛剤を飲んでも痛みは収まらず、だんだん動悸もするようになってきて。そのうち血圧も乱高下しているのがわかり、手足がしびれ始めました。

「あれ、これ死ぬんじゃないか」

トイレで吐いてそのまま床に倒れ込み、起きられずにいましたが、母の機転で昔処方された安定剤を飲んだら少し快復。

病院で診てもらうと、特に異常は見つからず、おそらく自律神経のせいだろうと。症状にパニックになり、不安神経症を引き起こして状態がひどくなったのだろうと診断されました。これ以降、処方してもらった安定剤を飲み、毎日決まった時間に寝て起きる規則正しい生活を、しばらく送ることになります。

その状態で『ＬＯＶＥ ＳＴＡＧＥ‼』の連載を1年ほど無理やり続けたのもあって、連載が終わったころにはかなり疲弊していました。まさに屍状態。なのでしばらくの間、漫画を描くのをストップし、表舞台からは姿を消すことにしました。ぢゅん子さんの『私がモテてどうすんだ』のアドバイザーだけはやっていたんですけど、それがめちゃくちゃヒットしてくれたおかげで、その仕事だけで生活がやり繰りできたのはラッキーでしたね。しかもアシ代もかからないし、実家だから家賃もかからない。貯金はむしろ増えました。やっぱり実家最高！

それにしても、自律神経って本当に厄介。街に出たときに突然動悸が起こってうずくまるとか、好きなパチンコで当たりが出ると具合が悪くなるとか。どうやら、身動きがとれないときに体調が悪くなるみたいで、ひどいときは新幹線や飛行機にも乗ることができませんでした。

具合が悪くなったときに、いくら検査をしても異常は見つからない。でも、自律神経の薬さえ飲めば、どんなに呼吸が苦しくても、どんなに心臓がバクバクしても症状は収まる。そう思えるようになると、少し気が楽になって、状態がマシになっていきました。原因がわかると安心するんですよね。大丈夫、自律神経なら死なないって。

倒れたとき、具合が悪くなったとき、いつも両親が近くにいてくれたのはすごく頼もしかった。毎回、母は手厚く看病してくれたし、父はお祈りしてくれた(↑)。これがもし一人のときだったら、不安と苦しさできっと絶望してしまっていたと思います。

実は、倒れてよかったと思うところもあります。それは、自分が無茶しすぎていたと気づけたこと。漫画に全力を注いで、自分の体を顧みなかった。いくら好きなことでも、体を壊しては元も子もありません。みんな、生活サイクルは大事だよー。そのとき大丈夫でも後からくるよー。

今でも薬を飲んでいます。一度自律神経を壊してしまうと、ちょっとでも生活時間が乱れたり、過度なストレスがかかったりすると、すぐ症状が出てしまう。今は両親がそばにいてくれるけど、誰もいないところで倒れたら本当に大変なことになるでしょう。

体を壊したとき、誰かがそばにいないとヤバイ。

今まで不純な動機や、仕事からの逃避として考えていた結婚という選択肢。40歳で諦めたはずだったその道を、もう一度考えてもいいんじゃないか。自律神経の件は、私が再び結婚に向けて動きだすきっかけの一つになりました。

DAIGOロス

私が一人暮らしをしていたり、祖母の家に住んでいたりしたころ、DAIGOはしょっちゅう私の部屋に遊びに来ていました。まだDAIGOがブレイクする前のことで、時間はあるけどお金はないっていうとき。

何をするってわけでもなく、ゴロゴロしたり、ゲームをしたり、話を聞いてくれたり。私は耳かきが大好きで、「1万円払うから耳かきさせてくれ」とDAIGOにお願いして、〝耳かきバイト〟という名のおこづかいをあげたりしたものです（笑）。DAIGOの耳垢はカサカサタイプでたくさん溜まっていて、本当に素晴らしい耳だったんですよ！　私はそれが楽しくてたまらなくて、奥まで攻めようとするから痛かったみたい。後々、ミュージシャンにとって耳は大事だからと、耳かきはやらせてもらえなくなりました（泣）。

あとは、DAIGOも私と同じく夜行性だったので、「焼肉行かない？」「寿司行かない？」「TSUTAYA行かない？」という誘いの電話もしょっちゅうかかってきて、「いいよ」と言うと車で迎えに来てくれる。食事は全部私のおごりだし、TSUTAYAに行くと「お姉ちゃん、俺これ」ってCDを持ってくるから買ってあげる。

どこに行くにも私は財布係だったけど、夜中の寂しい時間帯に声をかけてくれる存在がいるのは、ちょっと救いだった気がします。少なくとも私にとっては、母と違った角度から精神的に支えてくれた存在だと思っています。ルビたんが虹の橋を渡った早朝、動物病院に駆けつけてくれたのもDAIGOでした。

ちなみに、私も金銭面だけではなく、DAIGOを支えていました。

DAIGOが音楽を始めたころ、DAIGOが自分で書いたという歌詞を見てみると、「頑張ろう」「恋をしよう」「夢を目指そう」などというテーマの大渋滞（笑）。「歌詞っていうのはね、起承転結が必要で、メッセージは1曲に一つにしなさい」と一から教えたのは、今となっては懐かしい思い出。DAIGO☆STARDUSTとしてデビューが決まったときは、共に喜んだものです。そしてB

REAKERZとして再デビューしたDAIGOを私の代わりにテレビ出演させて、ブレイクのきっかけを作ったのはご存知のとおり。

私がルームシェアをしていたときは、さすがにその家に来ることはあまりなかったけど、よく長電話をしていました。その時期、東日本大震災が起こってふさぎ込んでいた私が元気になったのは、DAIGOのおかげもあったかな。

震災後、私は余震のせいでずっと酔っているような状態になっていたのと、原発のことであることないこと噂が飛び交っていたので、怖くて家から出られませんでした。そんな時期、DAIGOが友達を連れて様子を見に来てくれたんです。ちょうどそのとき地震が起こったんだけど、DAIGOは「お！　余震だ。……よし収まった！　大丈夫だよ〜」といつもと変わらない様子で励ましてくれて。ちょこちょこ雑談電話もくれたり、彼の明るさはちょっとだけ私の日常を取り戻してくれました。

実家に戻ってからは、DAIGOはもう忙しくなっていて、家にいたりいなかったりしたけど、たまに帰ってきては「『あまちゃん』一緒に見ようぜ」と言われて深夜に一緒に見たり、「お姉ちゃん、お茶飲みたいんだけど」と言うDAIGOにお茶を入れてあげたりしていました。

そういえば、そのころDAIGOはめちゃくちゃ甘やかされていました（笑）。両親は、朝ごはんと一緒にサプリとお茶を用意しておいてあげたり、みかんの皮をむいておいてあげたり、朝何度も起こしてあげたり。まあDAIGOがすごく忙しくなっていたからなんですけど。でも、DAIGOが元気にテレビに出ているのを見るのが両親の生きがいなんだなと思ったので、そっとしておきましたけどね。

そんなある日、DAIGOは北川景子さんと出会います。連絡先を交換した日、DAIGOがウキウキして帰ってきたのは今でも覚えている（笑）。

景子ちゃんと付き合うようになると、DAIGOは家にも連れてくるようになりました。北川景子が家に来るって、そりゃあ私も舞い上がりますよ（笑）。初めて連れてきた日に、私は「末永く弟をよろしくお願いします」って景子ちゃんに伝えたけど、まさか現実になるなんてそのときは思わなかったなあ。

景子ちゃんとは意外に気が合うところがあって、例えば家族の誕生日を大事にするところとか、占い好きなところとか、実はオタク気質なところとか。だから、DAIGOが景子ちゃんと付き合うようになってからは、以前より家族のバースデーセレモニーをちゃんとするようになったかな。景子ちゃんが来てくれたことで、うちの家族の仲もますますよくなっていったような気がします。

そんなわけでDAIGOと景子ちゃんが結婚して、家族になってくれたのは本当に嬉しかった。しかも景子ちゃんは、私がBL作家だと知って、BLを勉強してくれたらしいよ。優しい♡

しかし、DAIGOが家を出て、景子ちゃんと一緒に暮らすようになって数ヶ月。ある夜突然、とてつもない寂しさが襲ってきて、私は部屋で号泣しました。もう夜中に一緒に出かけることもない。長電話もできない。この不安を聞いてもらうこともできない。いつも一緒にいた人がいない。

私は完全にDAIGOロスに陥っていました。

親は先にいなくなる

ＤＡＩＧＯが家を出た寂しさとしばらく戦っていた私ですが、ある現実にも気づきます。

いつか両親もいなくなる。

実家に戻ってからは、あまりの居心地のよさに「実家最高！　もう絶対出ない！」と踊り狂っていました。確かにこのまま両親がいてくれたら、一生このまま一人で生きていってもよかった。でも、普通に考えたら順番的に両親は先にいなくなるのです。

父は何度も病に倒れ、余命数年みたいなところから10年以上生きているスーパー人間ですけど、不老不死なんてことはあり得ない。今、料理や洗濯などを全部やって私を支えてくれている（↑）母だって、永遠に私のお世話をしてくれるわけじゃない。この幸せはいつまでも続くものじゃないと、ＤＡＩＧＯがいなくなったことによって初めて体感的にわかったんです。

自律神経で倒れたときは死ぬほど苦しかったけど、前に書いたように、両親がそばにいてくれたから救われました。あのとき仮に一人だったら……というのは、今考えてもゾッとします。

若くて元気なうちは想像できないかもしれないけど、ある程度の年齢になったら、それなりに体調不良は起こります。元気なまま年をとれたらいいけど、元気なまま年をとるシミュレーションをしてはいけないと思うんです。

私は体調不良になってしまったので、このまま両親がいなくなったら、きっと不安になってますます体調は悪化する。そして一人暮らしが大の苦手。そんな私だからこそ、人生を共にするパートナーの存在は必要不可欠だということに、ようやく気づいたのです。

体調不良、ＤＡＩＧＯの結婚、親がいなくなったら一人ぼっち。この３つの要因は、44歳の私を完全に婚活の道へとシフトさせることになるのです。

独身五十路女は腫れ物？

自分がこのまま一生独身だった場合を想像したことがあります。

景子ちゃんは「影木栄貴の面倒は一生私が見る！　心配することないよ！　影木栄貴は絶対一人にならないよ！」って言ってくれて、すごく心強いし嬉しかった（喜）。でも、例えばＤＡＩＧＯ一家が旅行に行くとき、「影木栄貴に声かけなくていいのかな？」って毎回思わせるのは迷惑かけるな、とか考えるわけです。

父の姉である伯母は死ぬまで独身でした。バレエの先生だった人ね。その伯母は、70歳を超えてから、毎晩お酒を飲んで母などに長電話をしてくるようになりました。母は優しいから相手をするんだけど、「ちょっと長すぎると大変ね」なんて言うこともあって。

あるとき私は「あれ？　こうなっちゃいかんよね？」と実感しました。お酒を飲んで誰かと話したくなる根源には「寂しい」という気持ちがあるんだろうけど、私も一人でいるとそうなっちゃう気がしたんです。寂しさを紛らわすために、誰かに迷惑をかける存在になったらいけないなって。

伯母はバレエという好きな道にまい進して、結婚は選ばず、好きに生きて、最後はがんで亡くなりました。ギリギリまで痛みをがまんしていたみたいで、がんだと発覚してから亡くなるまではわずか1ヶ月。介護や闘病、お金においては、あまり周囲に迷惑をかけずに生きたと思います。

その伯母の人生が悪かったとは全然思いません。実際、私のBL創作活動を誰よりも早く理解してくれたのは伯母でした。今でも感謝しかありません。ただ、こうなったらちょっと家族に迷惑をかけてしまう存在になっちゃうんだな……という〝おひとりさま〟の最適モデルとして、いい反面教師になってくれました。

前述のとおり、父の家系はわりと短命で（父が85歳になったのは奇跡）、母の家系は長生きです。私はどちらに転ぶかわからないけど、もし長生きしたとしても、家族、特に甥姪には、あまり迷惑をかけたくないなといつも思ってはいます。伯母はそう私に気づかせてくれました。

女としてまだ終わりたくない

30歳のとき、リアル彼氏と別れてから、結局誰とも付き合うことはありませんでした。ある日ふと思ったんです。「あれ、私、女としてこのまま終わっていいのかな?」って。

「考えてみれば、私の人生、仕事ばかり。では、私はなんのために女として生を受けたんだろう? 男でもよかったんじゃないの? このまま私、年老いて死ぬの?」って。そう考えると、もうワンチャンくれって思うわけです。

女としての幸せとか、いいところをまったく享受していない私の人生。もしかしたら、その分の運気が仕事に回っていたのかもしれないし、女としての幸せを享受した瞬間に死ぬのかもしれない(笑)。

それでも、やっぱりこのまま終わりたくないと、終わり間際にようやく気づいた。結局、女としての幸せみたいなのを少しは望んでたのかもしれません。

それは、決して大きな願望だったわけじゃないけど、婚活を始めたもう一つの裏テーマとしてここに記しておきます。

そう、ぶっちゃけちょっぴりトキメキが欲しかった。乙女じゃん私。そして、実際かなり乙女だったことが後に判明するのです。

VoL.2 博文。

博文みてみて婚約指輪ー♡
あいかわらずいつもジャージ
ワイ結婚するやでー♡
なっなんだってーーーッ!?
ガ
!?
どうした!?
お相手はおまえがどれだけヤバイ人間か知ってるのか!?
今すぐオレをその人に会わせろ!!
全力で土下座してあやまらないとー!!
……

会った時、本当にあやまってました（土下座じゃないけど）。

第3章

その婚活、本気でやってますか？

婚活のハンデ

今の時代、マッチングアプリで出会うカップルは多いし、そこから結婚に至るケースも増えてきていると思います。だけど、私は家庭環境や漫画家という境遇が邪魔をして、手を出すことができませんでした。

だって、変な男性に当たって「影木栄貴とマッチングアプリで会った」とSNSで拡散されたり、リベンジポルノみたいなことをされたりする可能性もあるわけですよね。名前が知られているだけに、私のリスクが大きすぎる！

あとは、家庭環境を明かしてしまうと、お金持ちなんじゃないかとか、DAIGOや北川景子と家族になれるんじゃないかとか、下心を持って近づいてくる人もいるかもしれない。

かといって、「OLです」と嘘をついて登録するのも、結婚を目的としているならアカンでしょう。そもそもまったく知らない人同士が出会うので、相手が本気かどうか、本当のことを言っているかどうかなんて見分けられない。遊び目的の人もいるでしょう。どう考えてもリスクが高すぎて、とてもじゃないけど私にはできなかったんです。

それなら結婚相談所はどうだろうと考えました。友達の漫画家さんがきちんとした結婚相談所に登録したら、即座に結婚を決めて子どもを産んだりしていて。マッチングアプリよりは、お金を払ってちゃんとした結婚相談所に行くほうが信頼度は高いとは思います。

ただし、結婚相談所側が、紹介してくれる人を知り尽くしているわけじゃないですよね。「結婚相談所に影木栄貴いたぜ」って吹聴する人だっているかもしれない。表の経歴はよくても、内面まで把握してるかどうかはわかりません。

以前、母から「知り合いがいい人がいるって言ってるけど会ってみない？」って言われたことがあります。私があまり結婚に乗り気じゃないときの話。偶然にもその人は私の知り合いの知り合いだったみたいで、「影木栄貴とお見合いする話が来たけど、断ってやったぜ」と言いふらしていたことが、私の耳まで届いてきました。ひどい。教えてくれた知り合いには「母ちゃんから話が来たけど、別にどっちでもいいって答えたやつかな」と反論しておきましたが。

要するに、名前を表に出して仕事をしている人は、そうやって裏で何か言われる可能性があるわけですよ。私も「ＤＡＩＧＯの姉」「北川景子の義理の姉」「竹下登の孫」という肩書きが浸透しきっていたから、そういう面では動きづらいというところはありました。有利というより不利。

そもそも、いきなり知らない人と会うのは怪しすぎて怖いです。優しくて好きだ好きだ言っていた人が、お金目的や詐欺だというのはあり得ることですし。

結局、私がまったく知らないところで出会った人を信じられない。必然的に、マッチングアプリや結婚相談所は婚活の選択肢から外れることになってしまったんです。

婚活宣言

マッチングアプリも結婚相談所も使えないとなると、自分の足で相手を探すしかありません。そのために有効なのが「婚活宣言」だと、私は思いました。

「老後を考え、本気でパートナーを探すことにしました。いい人がいたら紹介してください！」

私は出会う人、知り合いほぼ全員にそう伝えました。

具体的には、友達はもちろん、ＤＡＩＧＯの友達、仕事関係者、同窓会で会った同級生、行きつけのマッサージ屋さんに至るまで、とにかくまわりのすべての人々にそう宣言しました。

紹介という方法の何がいいかというと、紹介してくれる人が相手の人となりを知っていて、はじめから悪い人ではないと保証されていること。私にとっては、それが一番安心感を得られるところではありました。

実際、今まで紹介で出会った人たちで、嫌なことをSNSに書いたり、陰で余計なことを言いふらしたりする人は一人もいなかったと思います。やっぱり、共通の知り合いがいることで、少しでも悪く言おうものならすぐ私の耳にも届きますし、そもそも、そんなことをしそうな人なら、友達や知り合いに紹介しませんよね。紹介した自分自身の信頼も失うことになりますから。その人がいいかも、合うかもと思った人だけを紹介してくれるわけです。その人は私のこともよく知ってますから。


もちろん、自分が直接出会った人にも積極的に「婚活宣言」をしていきました。

「結婚していますか?」

「離婚したら教えてください」

前提として相手は独身でないといけないので、まずはそこを確認します。私基本、不倫とかは無理なんですよね。仕事でもプライベートでも、出会った男性を少しでもいいなと感じたら、あいさつのように「結婚していますか?」と尋ねていました。

40代も半ばになると、当然のように結婚のチャンスは激減します。だからこそ、できるだけ種は蒔いていかないといけません。もちろんグイグイくるアラフィフ女に引く方もいるだろうし、ないわーと思われてしまうリスクもあることはわかっていました。でも、恥ずかしいとか言ってる場合ではありません。そのくらいの本気度で、積極的に婚活に取り組んでいました。

ちなみに、私ははじめウィキペディアに載っている人としか結婚できないと思ったりもしていました。同じリスクを背負うなら、そのぐらい名前に有名税がついている人じゃないと、お互い弱みを握り合えないなって（笑）。実際、載っている人とお付き合いしたことはありますが、やはり別れた後も何も問題は起きていません。

ただし、ここまで条件をつけてしまうと、結婚相手などそうそう見つかるものではありません。門戸が狭すぎる。しかも、そもそもそんな人はそうそう独身じゃねえ。

とりあえず数撃っとけ

婚活を始めてから今の夫と出会うまでの約4年間、私はとにかくたくさんの人にアクションを起こしました。自分の中で「いい人」と思ったら、まずは結婚できるかどうか聞いてみるという行動を繰り返しました。

「将来的にパートナーがいると思うだけで安心しない？」

「ワイ一人で生きていく分だけの体力（お金）はあるし、そういう意味では迷惑はかけない。でも、お互い困ったときに支え合えるって理想的じゃない？」

口説き文句はだいたいこんな感じ（笑）。

漫画の取材のために連絡をとった知り合いの医者や、ウサギを飼ったときにお世話になった若い獣医さんにも「人生のパートナーになれないかな？」と聞きましたがあっさりNGをもらいました。「人として尊敬してるし長く付き合っていきたいけど、ぶっちゃけ子どもが欲しい」って。そう、年下の男性はそういう感じでほとんど全滅でした。私的にもそりゃそうだよねとあっさり諦められました。ただ、その代わりに「将来私が病気になったときはよろしく」とか、「将来、私が孤独死したとき、飼っているペットがいたら引き取ってくれ」と老後の保険をかけたりはした（笑）。

テレビ出演をきっかけに知り合ったプロデューサーは、ガンダム好きという共通点で仲良くなりましたが、既婚者でした。コミケで知り合った男性も既婚者でした。共に「離婚したあかつきには教えてくれ」と伝えておきましたが、まあこのパターンで離婚する人はいなかったですね。既婚者を待つのは効率的じゃないかもしれません。

関西に漫画の審査で行ったとき、その地域の漫画家さんたちが見学に来ていて、その方々に「結婚していますか？」と聞いて回りましたが、みんな既婚者でした。その節は初対面で大変失礼いたしました。

人気ゲームの制作会社や漫画家友達が主催した合コンにも行きました。特に発展はなかったけど、一度合コンというものを経験してみたかったので、それが叶ってよかったかなとは思っています。

他にも、学生時代の友達のちかちゃんが知り合いを紹介してくれたり、DAIGOのお友達が会社の先輩を紹介してくれたり、いろんな人に会いましたが、一回会って終わりの人や、今もLINEでつながってる人などさまざまですね。それと、私から声をかけたとあるバツイチの仕事関係者とは、何度かご飯に行ったりするくらいには進展しましたが、性の不一致でダメになったりもしました。

そんな中、とある仕事関係者と飲み会で会ったとき、「離婚してたよね。まだ再婚してないの?」「してないよ」「じゃあワイはどうや?」と私から誘い、なかば強引に付き合うことになりました。

彼のことは尊敬していたけど、離婚するときにかかったお金と子どもの養育費があるうえ、仕事がフリーランスで金銭的に不安定。食事に行くときはいつも私がお金を出していました。

さらに、ヘビースモーカーでお酒もたくさん飲む。「早死にするからタバコはやめなよ」と私がいくら言っても聞きません。いろいろ気になる部分はあったけど、私も「彼は才能があるから」と、そのときは目をつぶっていました。

そこに新型コロナウイルスという世界的危機状況が訪れます。年老いた両親と同居している私は、一歩も外に出なくなり、彼もそこの価値観は同じで、「今外に出るのは怖い。わざわざ会いに行くことはないよね」と話し合った末、LINEだけのやり取りになりました。

それがしばらく続き、2回目の緊急事態宣言のとき、だんだん頻度が減っていた彼からのLINEがついに途絶えました。そもそも私のほうが彼を気に入っていて、あちらは私のことをあまり好きではなかったんだろうな、と思っていたのもあり。

これは自然消滅だな。

その予感は現実になりました。

ただ、今思うと、私はやっぱりヘビースモーカーは無理だったなと。昔はパチンコ屋さんで慣れていたけど、最近のパチンコ屋さんは禁煙になったので、タバコの煙が嫌いになってしまいました。

それに、毎回こちらがおごるのも、のちのち引っ掛かっていたと思う。私自身、誰かを養っていける自信がない。今はよくても、漫画家というのは、明日にでも筆を折ってしまうかもしれない不安定な職業、自分だけじゃなく、パートナーのことまで金銭的に支えるのは厳しい。せめて自分の面倒は自分で見られる人がいい。

そんな結論にたどり着いた私は、彼に追いＬＩＮＥをすることはありませんでした。

その年、２０２１年は、漫画家デビュー25周年を迎え、私はイベントなどの準備でかなり疲弊していました。

いつものように疲れた体を癒やそうと、14年来のマッサージ屋さんに行ったときのこと。担当してくれているマッサージ師さんが声をかけてくれたんです。

「僕の先輩が今フリーなんですけど、どうですか？」

実はちょっと前にも言われたことがあったんだけど、ＬＩＮＥだけでも前の人と続いていたので、お断りをしていたんですね。ワイ、浮気もしないので。だけど、再び声をかけてもらえたので、会ってみてもいいのかもしれないと思いました。

「前の人と４ヶ月前から音信不通になってるんだけど、どれぐらいたてば自然消滅になると思う？　そろそろ自然消滅ってことでいいもんかね？」

「もう大丈夫ですよ。じゃあ、とりあえずＬＩＮＥだけつなげますね」

そんな感じで、マッサージ師である今の夫と出会うことになります。

オススメはバツイチ

２０２１年10月、ＬＩＮＥでやり取りするようになった私と現夫。私の25周年イベントが終わった10月下旬、初めて会うことになりました。ちょうどお互いワクチンを打ち終わったころです。

ＬＩＮＥでは堅苦しくて真面目だった夫。一人称は「私」。スタンプ一つ送らず、ちょっとノリが合わないかもしれないな……と私は少し不安に思っていました。

しかし、実際会ってみると、しょっぱなから『呪術廻戦』の五条悟グッズのプレゼント！　私は一気に心をつかまれました（↑）。しかも話してみたら、「あれ、どうやらワイのブログや『エイキエイキのぶっちゃけ隊‼』を全部読んだっぽいぞ……？」という会話が節々に混ざっていまして。事前にＬＩＮＥで聞いてきた、ワイの好きな『呪術廻戦』ほかいろいろな作品を履修してきてくれてるっぽい。「これは……ワイのことをかなり研究してきている！」ということが伝わってきました。

しかも、LINEでのやり取りがイマイチだったおかげでしょうか。実際会ったら「すごく感じがいい人だ！」と、第一印象がすごくよかったんです。すべてのお店で率先しておごってくれようとする姿勢にも感動した。昭和生まれだから。

彼はバツイチで1歳年上。国家資格を持つ鍼灸《しんきゅう》マッサージ師。子どもはいなくて、家族は田舎にいる両親だけとのことでした。そんな彼と私は、将来このまま一人でいることが不安だという意見が一致。その他にも価値観がいろいろと似ていました。

前述のとおり、私はバツイチの人と付き合ったこともあります。

ここで注意したいのが、バツイチにもいいバツイチと悪いバツイチがいるということ。当人の浮気とかモラハラとか〝飲む・打つ・買う〟が原因で離婚した男性を捕まえると、同じことを繰り返す可能性がある。もしくは、慰謝料や養育費を払っている人は、財布事情が苦しいかもしれない。借金をしている人は論外。

とにかく、離婚理由と離婚前後の生活を徹底的にリサーチする必要があります。

そういう意味でも、紹介という手段はとても有効ですよね。本人の話に紹介者の証言も加われば、信用度が上がります。私はその人の過失で離婚したのでなければそれでよかったので。

さて、彼に直接尋ねたところ、離婚原因は前妻の不倫にあり、慰謝料などは払う必要がなかったそうです。むしろもらう側だったと。探偵まで雇ったらしいよ！　もちろん養育費などもありません。

これはいいバツイチ！

しかも、バツイチは一度失敗しているだけに教訓もある。結婚初心者の私にはむしろ、バツイチがちょうどいいんじゃないかと思ったんです。

そういう経緯もあり、初めて会った当日、私は既に「この人がいい！」と心に決めていました。詳しくは巻末の漫画を見てね！

今の時代、3分の1の夫婦が離婚しています。なので離婚して一人でいる40、50代ってけっこう多いんですよ。それに、離婚した男性は寂しがっている人も多いし、子どもも今さら欲しがらない。

実はけっこう好条件だったりするので、パートナーを探しているアラフォー、アラフィフの女性は、もう一度まわりを見渡してみてください。そこにいいバツイチがいるかもしれませんよ？

とにかく疑う

婚活において、相手がSNSで余計なことを言わないかと、常に怯えていた私ですが、相手を疑うこと、要するに悪いことをシミュレートしておくのは、リスクヘッジとしてとても大事だと思っています。

まずは、最悪のケースを思いつく限り考えます。私は想像力だけはあるので、そういうのは得意です。婚活だったら、相手に借金があるかもしれない、実は他に彼女がいるかもしれない、詐欺師かもしれない、などなど。そして、その可能性を一つずつ消していきます。

悪いことをシミュレートしておくことは、婚活に限った話ではなく、仕事の進め方、恋愛、人生の選択など、すべてにおいて言えること。

私は何かをするときに必ず、できるだけ多くの可能性を考えます。体の調子が悪いときにはがんの可能性まで考えるし、余命1ヶ月まで考える。そのおかげですぐ病院に行くので、実はけっこう健康です。

他には、例えばテレビ出演する前には、SNSで書かれそうな悪口を全部想像します。「超絶ブス」とか「クソオタク」とか「このおばさんナシ」とか（笑）。その後蓋を開けてみると、私が考えていた悪口のほうがひどいことのほうが多かったりします（笑）。こうして心の準備をしておくと、ちょっとぐらいの悪口を見てもショックを受けにくくなるし、逆にいいコメントを見かけると「思ったより褒められてるやん！」みたいに、とてもニコニコすることができます。

『踊る！　さんま御殿!!』に出たときもそうでした。自分が考えていたネガティブな声はほとんど見られず、「DAIGOの姉ちゃん面白かった」とか「好みのタイプがアスランｗｗｗ」という好意的な声が多かった。こっちはマイナス要素しか考えてないから喜びもひとしお（笑）。

結婚発表のときもいろいろ考えました。だけど、「おめでとう」「ドレスすてき」のほうが圧倒的に多かった。ちなみに、指輪のブランドを当てられたのは

「すげーなＳＮＳ……」って思いましたけど（笑）。今は、この本を出した後言われるであろう悪口を、全力で用意しているところです（笑）。

まあエゴサするなって話ですが、それは無理です。私の知らないところで何か言われているかもしれないという状況が、一番ストレスになるタイプなので。

婚活の話に戻すと、夫と出会ったときも、いつものようにいろいろな疑惑をシミュレートしていた私は、直接確認することにしました。たとえ紹介であっても疑う、それが私です。


「実は景子ちゃんのファンなんじゃないか。景子ちゃんと会いたくて私に近づいてきたんじゃないか」

「好みの芸能人は○○さんです（景子ちゃんとは違うタイプ）」

「いや、もしかしたら一周回ってＤＡＩＧＯのファンかもしれない」

「男性には興味がないです」

「私のお金が目当てかも」

「お金は自分で稼いで貯めています」

「借金があるとか」

「借金もローンもありません」

「新興宗教に入っていて壺を買わせようと」

「宗教に興味ないです。実家は普通に○○宗です」

「竹下の地盤を利用して選挙に出馬」

「出たくありません」


しつこく尋ねる私に、夫はすべてきちんと答えてくれました。そして、すべての答えが、私が望むパートナー像と重なりました。そして私たちは、出会ってわずか10ヶ月で入籍、結婚することになりました。

パートナー（候補）に対して気になることがあるとき、心の中でモヤモヤと考えていても何も解決しません。ちゃんと聞いてスッキリさせたほうがいい。夫の場合は、はっきりものを言う私のことを、もはや面白がってくれているのかなと思います。いや、呆れてるかもな（笑）。

結婚してからも似たようなやり取りは継続しています。マッサージしてもらっているときに、

「3年殺しのツボでワイを殺す気やろ？」

「そんなツボを知ってたら、僕、殺し屋になってもっと稼いでいるよね」

「新婚旅行のハワイでワイを殺害」

「まだ生命保険に入っていないよね」

なんて。ちゃんと生きて帰ってきました（笑）。

私は基本的にポジティブシンキングで、起こったことをポジティブに捉えるタイプではあるんですけど、未来のことに関しては、いいことと悪いことの両方考えておくようにしています。

いい想像をしてもいいいいけど、それだけだと失敗したときのショックが半端ない。逆に、最悪な想定をしておくとあまり落ち込まなくて済むし、そこに向けて

準備をしておくことで、現実的にフォローが利きやすいというメリットもあります。予測しておくと、人は対応できますから。要するに、何に対しても滑り止めを用意しておくと安心できるみたいな。

人を疑うことをよくないと思う人もいるかもしれません。でも、疑うこと＝すべての可能性を考えることは、必ず自分を守る武器になると思います。少なくとも詐欺に遭うことは少なくなると思いますよ！

VoL.3　DAIGO①(旦那さんに会う前)。

DAIGOー お姉ちゃん プロポーズされたよ♡
みて指輪～♥
結婚する♡
!!
キリッ
──まず結婚前に 離婚した時の誓約書を 作っといた方がいいね！
!?
えっ今って そういうの 作るの？ DAIGOたちも 作った？
いや
オレたちは 作ってない
でもお姉ちゃんは 作った方がいい！
そもそも だまされてる 可能性高いし…
だってお姉ちゃんと 結婚しようとする人が いるとかありえない でしょ!?
……

マジで弁護士まで紹介されそうになった。

第 4 章

自由な結婚の形

別居婚という選択

「実家で暮らして父ちゃんの最期を看取る」

私が実家に戻るときにした決意は、婚活中でも揺るぎませんでした。これはつまり、結婚しても父のいる実家を出るつもりがないということ。私ははじめから「別居婚」を前提に婚活をしていました。思えばかなり難しい条件ですが、夫は快く了承してくれました。

「それなら夫に実家に入ってもらえばいいのに」と思う人もいるかもしれませんが、80代の父が、いきなり現れた見知らぬ中年男性と一緒に過ごせるのかどうかを考えると、答えはNOでした。特に父はATフィールド全開な人（笑）。誰とでも気さくに話すようなタイプではないので、夫との同居は、夫には申し訳ないけどストレスになるだろうと。

確かに実家はトイレも4つあるし、部屋も余ってるからもったいないんですけどね。

別居婚を選んだもう一つの理由としては、私は精神的に浮き沈みが激しいので、仕事に影響が出る可能性があったから。私はストーリーを考えているときに誰かがいると集中できません。それに、仕事が忙しいときや体調が悪いとき、イライラしてしまうので、もしも夫と一緒に住んでいたら、ケンカになるかもしれないし、そんな不機嫌な自分を見せたら嫌われてしまうかも。母は親にも見せないでほしいと言いますが（笑）。いや、やはり夫婦は他人だからさ。

そもそも、50年間それぞれのスタイルで暮らしてきた大人が、いきなり同居しても合うはずがありません。炊事、掃除、洗濯など、基本的な家事とか、睡眠時間、お風呂の入り方、食事、趣味など、生活のすべてを自分ルールで生きてきたのに、「今日から一緒に暮らすので合わせましょう」っていうほうが難しいと思うんです。

さっきは父のストレス～とか言いましたけど、夫にとってもきっと同じこと。

しかも、私だけじゃなく私の両親もいて、三方向に気を遣うのも大変ですよね。

それなら、お互い自分の生活を守りながら、将来添い遂げる人がいるという安心感を持って生きるほうが、よほど合理的ではないだろうか？　出会って10ヶ月で結婚という道を選んだわけですから、焦らなくても、家族としてゆっくりと打ち解けていって一緒に生活ができるタイミングまで、時間をかけてもいいと思うんです。

実際、私と夫は、生活スタイルにかなりの違いがあります。夫は身のまわりを常にきれいにしていたいタイプ。私はある日まとめて掃除するタイプ。夫は毎日シャワーやお風呂に入るタイプ、夏なんて一日に何回も入るらしい。私は三日おきに入ればいいほう。食事も夫は健康的なものメイン、私はジャンク大好き人間。ちょっと考えるだけでもこれだけの違いがあります。そして、お互い共通して一人の時間が必要なタイプ。

それらすべてを夫は理解してくれて、私の実家から徒歩5分のところに部屋を借りてくれました。これがとてもいい距離感で！「頭が痛い……」と泣きつくと、すぐにやって来てマッサージをしてくれたり、仕事中「オロナミンCがなくなった！」と訴えると、すぐに買ってきてくれたりします。いきなり「ケーキ買ったから今から行くよ」なんてときもあります。もちろん夫が体調を崩し動けなくなったときには、私が食料を届けに行ったりします。本当にいい距離感ではないかと（まあ私のほうのメリットが断然多い気もするけど（笑））。

別居婚にはもう一つ、いつまでも恋人気分でいられるというメリットもあります。一緒に暮らしていると、何年も毎朝毎晩顔を突き合わせるから、異性として見られなくなったりするわけじゃないですか。別居婚だとお互いの家を行き来したり、外でデートしたり、会いたいとき、会えるときだけ会うわけだから、長い間恋人同士のような感覚でいられると思うんですね。実際私たちはお外でいつも手をつないで歩いていますす（照）。

もちろん、今後父の介護が必要になったりすれば、状況が変わることもあるかもしれません。もし父が歩けなくなったら、車椅子に乗せたり、移動させたりするときに男手が欲しいと思うかもしれない。夫に実家に来てもらったほうがいい未来もあるかもしれませんね。

そういったことも、今後臨機応変に話し合っていければと思っています。父がいなくなったときのことも、今からいくつかのパターンを考えています。


そういえば、家族は誰も別居婚に反対しませんでした。後から母に本当はどう思っていたか聞いてみたら「あなたがそういう前提で来たから、受け入れざるを得なかった」だってさ（笑）。一度は自立してほしいという気持ちもあったみたいだけど、別にいいやと思ったらしい（笑）。

母はわかっていたんじゃないかな。私が同居婚したら、きっとあっという間に離婚するだろうということを。この形がお互いにとってベストだということを。

弟夫婦たちも高齢の両親を二人きりにするのは心配だから、私がいることで安心するところがあったみたいです。実際、私が両親に迷惑ばかりかけているみたいですが、私がいてよかったこともまあああるんですよ（笑）。買い出しとか、姪っ子ちゃんの散歩とか、雪かきとか、金融商品買わされそうになるのを止めたりとか、夜起きて自宅警備員してるとか。

結局のところ、この別居婚は私たちだけでなく、家族全員にとってベストな選択だったんですね。まあでも母には「そういえばアナタ結婚してるのよね。忘れてたわ」なんて言われますけどね（笑）。私もたまに忘れます。

財布は分けるべき

婚活を始める以前、一生一人で生きていく可能性が高いと思っていた私は、しっかりと老後資金のことを見据えて動いていました。小規模共済（フリーランスの退職金積み立て）に入ったり、株式投資を始めたり、金《きん》を買ったり、終身保険に入ったり。最近は積み立てNISAも始めました。あれはいいものだ。あと物を買うときに、売るときに高く売れるか、ということも視野に入れ始めました。

実家に戻ってからは、家賃がかからない分、貯金もできています（あ、もちろん毎月家にお金は入れてますよ）。仕事は、漫画家本来の形から原作者やアドバイザーに形態を変えたので、アシスタント代もあまりかからなくなりました。その結果、収入は減ったけど手取りは増えている、という状況になりました。前は仕事場家賃とアシスタント代の経費がすごくて、手元にあまり残らなかったので、貯金額も増えていって、投資も成功している今、資産形成は順調です。まあそもそも社会人時代から、かれこれ30年は働いてるわけだしね。ある程度は持ってるよね。

しかし、私は夫になる人にはその金額や年収を言いたくありませんでした。女性がある程度以上の金額を所持していることを知ると、「俺、働かなくていいんじゃない？」と考える男性は少なからず存在します。ニートになったり、ヒモになったりする漫画（↑）やエッセイをたくさん読んできました。わりと最近のドラマで、夫が妻の資産をすべて別口座に移してしまうシーンがありましたが、最悪、私を殺して全財産を奪おうなんていう男性も現れるかもしれません。そういう危険から身を守るためには、はじめから相手に資産を伝えないことが一番だと考えました。

また、世間では経理の人やマネージャーが横領してしまう事件も起こります。

どんなにいい人でも、お金を見ると魔がさしてしまうことがあるのが人間です。お金がないとき、お金が必要なときならなおさら。それなら、そういうことが起こり得る状況を作らないほうがいい。なので、私は漫画家になってからのお金はずっと自分で管理して、誰かに任せたことは一度もありません。両親にもです。

一方で、私は夫になる人の資産も知りたくありませんでした。仮に夫が私より多く持っていたとしたら、私は「じゃあワイは働かなくていいや」と思ってしまうかもしれない。甘えが出て、仕事を真面目にできなくなったり、今までのように頑張れなくなったりするのが嫌なんです。

もしくは、仮に夫の資産が私よりかなり少なかった場合、何かの折に「ワイのほうが稼いでるんだからね！」というお約束の超NGワードを言ってしまったり、「ワイがお金を出しているんだから、そっちがワイに合わせるのは当然やん？」なんて口走ったりするかもしれない。いや、言うつもりはないけど、人間カッとしちゃうときもあるし。お金の問題は、夫婦関係に亀裂が入るきっかけに十分なり得ると思ったのです。

知らないままが一番平和。お互い、相手がどれぐらい持っているのか、稼いでいるのか知らない。必要なときに出し合う。それでいいじゃない。ただしこれは、生活費のかからない別居婚だからできることかもしれません。

そうやって考えてみると、私たち夫婦は、自分の稼いだお金で自分の生活を送ってきた50代。今さら財布を一緒にしておこづかい制にするとかあり得ないと思うんです。私だったら多分キレ散らかす。「月3万円で暮らせってどういうこと⁉」って（笑）。

前述のとおり、私は私が稼いだお金は自分で管理したい人です。そこはいきなり生活スタイルを変えられないし、変えたくもないところ。もちろん無駄遣いしないようにとか気をつけますけど、それでもパチンコとかは上限気にせずやりたいし、いい株を見つけたら勝負をかける自分でいたい。高くても美味しいものを食べたいときもあるし、毎年家族にお年玉もあげたい。そういう今まで生きてきて培った金銭感覚は変えようがなく、「今から二人で一緒に貯めていこうね！

節約頑張ろう！」とか言われたら震え上がります（笑）。今さら家計簿つけるとかも無理なのよ。

でも、前述のようにちゃんと老後を考えてお金の管理をしているし、手数料がかかる時間にＡＴＭを絶対使わないとか、カードを作らないとか、固定費増やさないとか、やれることは自分なりにやってます。ちなみに夫はあまり欲しいものがない人で、お金を使う機会がないらしいよ。今は私にめっちゃ使ってる（ニコ）。

一般的に、子どもの養育費が、一番予測がつかなくてお金がかかるとのこと。子どもがいない私たちにはそれが必要ないので、お互い持っているお金を自分たちだけに使えます。私には甥っ子と姪っ子がいるから、誕生日プレゼントを買ったり、節々でお金を出したり、欲しいと言われたらなんでも買ってあげちゃうけど、自分の子どもを育てることに比べたら、たいした金額ではありません。

私たちの結婚は、老後のために二人で使えるお金を、二人で持ち寄ったという形。お互いにとって必要な老後資金があればいいなって感じかなと思っています。

今現在は共同財布を作っていて、必要なときはそこから出す、なくなったら足す、みたいにしています。やっぱり、単純に稼ぎ手が増えるのは心強いし、困ったときに助け合える相手がいるのはいいものですね。将来の不安を減らしてくれます。

金銭感覚は近いほうがいい

夫との結婚が決まったとき、両親が出すご祝儀の金額の話になりました。

「うちは他の兄弟のときと同じ○万（ちょっと多め）出すって言ってるけど、別に合わせなくていいよ」

すると夫は、「じゃあうちも○万出すよ」と言って合わせてくれました。

結婚式をどうするかという話になったときも、「コロナのご時世的に式を挙げるのは難しいけど、ウエディングフォトと家族の食事会くらいはやりたいな」と言ったら、「えいこちゃんがそうしたいならやろう」と言ってくれました。

ウエディングドレスは、母が知り合いで景子ちゃんもお世話になった桂由美さんにお願いし、ウエディングフォトと食事会は、同じく母が支配人と知り合いでDAIGOたちが式を挙げたプリンスホテルを何気なく選んだら、けっこうな金額がかかってしまい。おずおずとそのことを報告したら、それでも夫は「全然かまわないよ」と言ってくれました。「ついでにアルバムも作りたい、一冊10万円するんだけど」。それにも「いいよ」。とにかく夫は、すべてにおいてOKしてくれたのです。お互い半分ずつ出し合いました。

ここで大事なのは、夫が快く大金を出してくれたことではありません（いや、それも大事ではあるが）。夫が、私がやりたいと思うことを尊重してくれて、お金を出してもいいと思ってくれたことです。

何を大事に思って何にお金を使うかという価値観が一致すること、それが金銭感覚が近いということなんじゃないかな？

最近、こんなこともありました。新婚旅行でハワイに行こうという話になり、旅行会社でいろいろ決めているとき。

「やっぱりオーシャンビューは外せないよね」

「そうだね」

「ハワイ島には絶対行きたいんだが」

「いいと思うよ」

ここらへんは意見が一致してオプションをつけました。でも、

「プレミアムエコノミーにするとプラス60万円⁉」

「それはあり得ない」

「ビジネスならまだしも」

「そのお金で現地で遊んだほうがいいね」

と、そういう方向の意見も一致したのです。

お金を使うもの、使わないものの基準が同じなのも、すごく大事ですよね。私たちはすんなりと新婚旅行のプランを立てることができました。

あと、ご飯に行くときも、「ここは私が出すから次はよろしく」みたいな、ラフなとこが一緒です。


もともと金銭感覚が近いのが一番ですが、夫に言わせると私は「内藤家の中ではまともで倹約しているほうだけど、一般的な金銭感覚ではない」そうです(笑)。もちろん、私もその自覚はありますが、そんな私に合わせようとしてくれ

る夫の気持ちもすごく嬉しかったし、頼もしかったし、感謝しかない。この人なら結婚しても大丈夫だなと心から思うことができました（まあ私は夫の稼ぎを知らないので、いつも「無理してない？」「大丈夫？」と確認するようにはしていますが。今のところ大丈夫だってさ）。

ちなみに、私は倹約家はいいけどケチは無理。飲食店で一円まできっちり分けるみたいな人とは合わないなと思います。実際、どケチな旦那さんと結婚した友達は、いつもお金の問題でケンカするそうです。

結婚しても、お金の価値観に差がありすぎると、いつか問題が発生すると思うし、どちらかの負担が大きくなりすぎると、いつか不平不満が出てしまうと思います。なんだかんだ言っても、お金は大事。多い少ないではなく、その価値観が近い人じゃないと、やっぱり一緒に過ごすのは難しいんだと思います。

仕事が第一主義の妻

結婚にあたり、譲れない条件の一つが、仕事を続けることでした。

この年齢になりましたけど、私は「たくさんの人に読んでもらって、心に刺さる作品を作る」という野望を諦めていません。それに、頭の中にネタが自然と思い浮かんでくるので、それを形にしたいという欲求もあります。イメージに合う絵を描いてくれる人がいるなら作品化しようかなとか、自分でも描けるなら描こうかなとか、小さいころノート漫画を始めたときと変わらない〝描きたい欲〟がまだあるんです。

ただし、仕事を続けるということは、私の場合、その他のことに手が回らないということに。

前述のとおり、私はとにかく家事が苦手です。夫は料理以外ならそこそこできるというし、自分の面倒を自分で見ることができる人だけど、私は洗濯機すら使えません。洗濯なんて、洗剤を入れてボタンを押すだけだということは理解していますがでも、機械が本当に苦手で、一回説明を聞くとその場では理解するのですが、1週間もたつと忘れてしまう。ルームシェアしていたときも、洗濯だけはできなかったな。実家暮らしの今は、母が洗濯をすべて引き受けてくれるので、私が覚えるチャンスも、そもそも覚える気もないよねー。

そして、夫はきれい好きだけど、私は散らかっていてもあまり気にならないタイプ。「お部屋掃除しようか」とは言ってくれるけど、さすがに恥ずかしいです(照)。シーツを何ヶ月も替えてないとか言えない……。言ってるけど(笑)。

家事をやろうと思えばできなくはない。でも、仕事に全体力を振っているので、家事をこなす余裕がないという状態。

しかも、不正出血で48歳でピルをやめてからは、再び生理に悩まされることになります。今度は25日周期という短期間で、きっちりやって来るからまた質《たち》が悪かった。

そんな私ですから、パートナーは「仕事を続ける」「家事はしなくてもいい」の両方を認めてくれる人でなければいけませんでした。今の夫がそこに理解を示してくれたのも、結婚に踏み切れた大きな理由になりました。


そういう意味では、別居婚もちょうどよかった。

実家では、母が生活におけるほとんどをサポートしてくれます。でも、もしも夫と同居していたら、確実に夫の家事負担が増えるので、夫はストレスを感じたでしょう。もしくは、私が夫のために部屋を掃除しようとかご飯を作ろうとかすると、仕事は確実にこなせなくなってしまいます。要するに、同居の場合は、どちらかに必ずストレスがかかる危険性が高い。

私もある程度年をとったら、仕事量も減るかもしれないし、できる家事も増えているかもしれない。老化もあるし、未来はどうなるかはわからないけど、現時点はこの状態がベストだということですね。

夫が私の話を素直に信じてくれることも助かっています。

昔、付き合うなら同業者のほうがアドバイスをし合えるし、わかり合えていいのかな、と思ったことがあります。でも、お互い内情を知っているからこそ、「その作業、なんでもっと早くできないんかな」とか「その展開はどうだろう」とか思ってしまうことがあるんですよね。

一方、夫はマッサージ師で、私の創作に関しては何もわかりません。でも、「話を考えている時間は、はたから見たら何もしていないように見えるかもしれないけど、その時間が一番苦しい」という私の言葉を、「0から1を作るのが一番大変だよね」と言葉以上に受け止めてくれます。説教みたいなことも言われません。創作論でぶつかることもありません。そういう夫といると、逆にまったく関係ない職業の人でよかったのかなと、今は思っています。

これが耳を貸さない人だったら意味がないけど、夫は聞いてくれる人でした。こちらが説明したことをちゃんと理解してくれる夫は、貴重な存在です。なぜなら、今になっても両親は私の仕事の大変さを理解していません。部屋で何をしてるかわかっていません。寝てると思ってるらしいよ（だから働くニート）！

夫は私の体を心配して「仕事をセーブしたら？」と言うことはあっても、家事をしてほしいとか、自分の面倒を見てほしいという理由でそういうことは言いません。むしろ私が「もう一山当てる！」と言ったら、「頑張って。期待してる」と応援してくれる。業界が違うから尊重してくれるし、ある意味自分がやりたくてもやれない仕事をやっているという点で、すごくリスペクトしてくれている気がして、この人を選んでよかったと心から思っています。もちろん私も、マッサージで人を癒やす夫の仕事をリスペクトしているし、大変お世話になっています。


私はやっぱり創作活動が好き。漫画を描いてほしいと望まれなくなっても、同人誌とかで描きそうな気がするし、80歳過ぎたらノンフィクション小説を書いて、ノンフィクション大賞をとる！という野望もあります（笑）。

そんなふうに生涯現役でいたいと言いつつも、どこかで楽になりたい自分もいます。これは常にアンビバレンス。つらすぎるときは「もうやめたい」「楽になりたい」「休みたい」って思ったりもする。

でも、最近気づいたんだけど、私はたとえ宝くじとかが当たって働かなくていい境遇になったとしても、自分のものすごい承認欲求と自己顕示欲で、何かしらはやるだろうなって（この本とかまさにそう）。面白い作品をみんなに見せたい！ってなるだろうなって。

まだ心は作家。どこでこの意欲が消えるのか自分でもわからないけど、夫や家族のおかげで描き続けられる環境が整っているので、「描きたい」という気持ちがある限り、走り続けたい所存です。

名字でよければ差し上げます

私たちが結婚するのが早かったのには理由がありました。

出会ったとき、夫は経営していた治療院が、ビルの建て替えで移転せざるを得ない状況で、実家のある愛知県に帰って再び治療院を始めるかどうかという瀬戸際でした。しかしここで私という不確定要素と出会ってしまいます。彼の予定は大幅に狂い、東京に残るのか愛知県に帰るのかは、私と結婚するかどうかにかかってしまいました。

結婚前提で付き合っていた私たちでしたが、実は、私は当初、事実婚を考えていました。結婚して遺産がすべて夫のものになるのが怖かったから（当時の私はそう誤解していましたが、本当は亡くなった人の両親やきょうだいにも相続権があります）。遺産目的に殺されるかもしれないと疑っていたからです（第3章参照）。あと、後に出てくる名字とかお墓とか問題はいろいろあって。

でも、夫から「別居婚で事実婚って、ただの他人じゃない？」「しかも遠距離になったらそれはもう結婚でもなんでもなくない？」と言われてはっとして。「確かに！　結婚している証が何もない！」

ということで、それならちゃんと籍を入れようかという流れになったんです。かくして夫は東京に残ることになりました。そして占い師に「絶好の入籍日は2022年7月18日」だと言われ、思いがけず早く入籍することが決まったのです。

そうなると、名字をどうするか？という問題が出てきます。

夫はどちらでもいいと言うので、私は各種手続きが面倒だしという理由で、はじめは夫に私の「内藤」になってもらう気満々でした。

しかし、昭和な両親が「それって婿養子みたいじゃない？」とあまり乗り気じゃない様子。

そして極めつきは姓名判断！「内藤」ってとにかく字画が悪いんです。中でも「内藤栄子」はもっとも〝凶〟。そんな私の名前が夫の名字に変わると、運勢が俄然よくなるということが判明したのです。しかも晩年運がいい！　まさに50歳で結婚して名字を変えたら運気よくなるってことじゃん、それって最高じゃない？　と一気に乗り気になりました（笑）。

それと、夫は別居婚や別財布、仕事の件など、私の条件を全部のんでくれました。それなら私からは、名字くらいは「あなたと結婚します」「ちゃんとあなたと添い遂げる気があります」という意思表示として、差し上げるべきではないだろうかという思いに至りました。そういうわけで、私は夫の名字を名乗ることに決めました。

あと漫画家という職業柄もあるのか、さまざまなことを経験してみたい私は、名字の変化を楽しんでいるところがありました。50歳にして名字が変わるなんて、なかなかない経験です。名義変更はミッションみたいで面白かったし、病院で夫の名字で呼ばれ、びくとも反応しないというお約束体験もできました。

いやー50歳になっても新鮮なことがあるっていいですね！

両親と同じお墓に入りたい

親離れしてないにも程があるだろ、と思われるかもしれませんが、私はいずれ、内藤家のお墓に入りたいと思っています。私はとにかく両親や家族のことが大好きなので、純粋に両親と同じお墓に入りたいのです。

入籍前、夫と同じ名字になるとしたら、夫の家のお墓に入らなければならないのかなと思い、躊躇《ちゅうちょ》しました。だけど、両親も「別に名字が変わっても、一緒のお墓に入ればいいいんじゃない？」って言うし、夫も「別にかまわないいんじゃない？」とあっさり認めてくれたので、安心して名字を変えることができました。

それに、実はお墓に関しては、私の理想的な展開になっていて、夫の家はいずれ墓じまいをするつもりだったと。夫の家系には跡を継ぐ人がいないので、夫とご両親がいなくなったら、お墓を管理する人がいなくなってしまうらしいのです。こうなったら、私が夫の実家のお墓に入ることはできませんし、夫も一緒に内藤家のお墓に入るしかありませんよね。

私には弟たちや景子ちゃん、甥っ子、姪っ子もいるので、しばらくの間、お墓管理の心配はいらないですから。いや、弟たちと私はどっちが先か微妙だが、景子ちゃんは15歳年下だし絶対大丈夫！　まあお墓自体がこれから先どう変わっていくかわからんけどね。

とはいえ、今急いで決めることでもないので、追々考えていきたいところです。「やっぱり山か海に撒いてほしい」とか言いだすかもしれませんしね。むしろ、今もずっと私の部屋にいる歴代ウサギたちの骨壺も、一緒のお墓に入れられないかなあなんて最近は考えています。

話題の共有

二人で会うときの話題作りのため、私たちは同じドラマやアニメを見るようにしています。

マッサージ師と漫画家の夫婦――肩こりや頭痛でマッサージ屋さんに行く漫画家は多いと思うので、カップルとしての親和性はあると思うんですが、あまり共通の話題がありません（笑）。

そこで私は、テレビ番組の改編期、毎クールの始まりに、自分が見る予定のアニメとドラマを全部紙に書き出して夫に送ります。そうすると、彼は同じものを全部録画して見てくれるので、その番組の話は絶対できることになるというシステムです。

たまに私が勝手に挫折することも。なので、最近は「見るのをやめた番組は教えてね！」って念を押されています。なんだかんだすべての番組を見るのはなかなか大変だし、録画の容量もとられますしね。あと夫から「あの少女漫画アニメは、僕見なくてもいいかな」って言ってくることも。うん、夫にキラキラララブストーリーは厳しいわな。という感じで、最近は臨機応変に対応しています。

ちなみに夫はお笑いが好きなようで、『M－1グランプリ』とか『キングオブコント』などを好んで見ています。私は同じ番組を見るわけではありませんが、夫のお笑いの話は聞いています。あまりよくわかりませんが（笑）。でも前よりは詳しくなったんじゃないかな。あ、中日ドラゴンズにも詳しくなりましたよ（笑）。私は巨人ファンですけど。

あと、お互いが好きな店に一緒に行くようになりましたね。そうするとお出かけするときに目的地が増えます。よく、私は婚約指輪や結婚指輪をクリーニングしに某ジュエリー屋さんに、夫は好きなスポーツウエアのお店に行くのですが、そうするといつの間にか夫はアクセサリーに詳しくなっているし、私は夫と同じお店の上着やTシャツを買ったりします。話題も増えるし、たまにペアルックみたいになってて微笑ましいですね（笑）。あ、あと同じジムにも行っています。

それと、これは別居婚だからこそですが、一日一回は連絡を取り合うということが暗黙のルールになっています。忙しくてある日気づくと1週間連絡してなかった……なんてことが起こるとそれこそ離婚秒読みになってしまうので（笑）。

お互い、どんなに忙しくてもおはようＬＩＮＥをするのは、コミュニケーションの一つとして大事なことだと思っています。生存確認にもなりますしね（笑）。

迫る介護問題

50歳での結婚は、出産・育児を考えなくていいので、夫婦共にわりと自由な生活ができるのが魅力の一つだと思っています。逆に、親の介護は遠くない未来にやってくることになります。そしてお互いの老化による不調も。

これを書いている時点で、私の父は85歳、母は76歳。今のところ、二人ともまだまだ元気です。順序的に、おそらく父の介護は母がやることになるでしょう。父もそれを望んでいると思いますし。あまり子どもに弱いところを見られたくない人なので。残された母の介護は、私がやるしかないと思っていますし、やる気満々です。せめてそこで恩返ししたい所存。母は嫌がってますけどね（笑）。まあきょうだいもいるので実際はどうなるかわかりませんが、それぞれ仕事があって子どもがいることを考えると私の可能性が高いよね。

ただ、父は毎日足腰が弱らないように歩いていますが、母はあまり家から出ようとしないので、足が悪くならないか心配しています。歩けなくなると介護のレベルは一気に上がるので。でも、夫に助けてもらう気満々なので大丈夫かな？

一方、夫の両親は愛知県にいてお二人とも健在ですが、遠方ということもあり、何かあれば夫が頻繁に帰ることにもなるだろうなとはうっすらと考えています。

実は、夫の両親とは結婚の食事会で一度会っただけで……。まだ一回もご実家に伺ったこともありません。大変不躾《ぶしつけ》な嫁であります。でも、義両親はこの結婚に関して「自分たちがいなくなった後、息子が一人になるのが気がかりだったから、いい人を見つけてくれてよかった」と喜んでくれていて、しかも私が多忙なことも理解してくれているとてもいい方たちです。時間ができたら絶対愛知県行きます！

義両親の介護に関して、夫は私になんの要求もしてきませんが、私はやれることはやりたいと思っています。そのとき仕事が暇になっていたら私自身が動くとか、まだ仕事が大変だったらお金を出すとか。そのときどきの状況で方法は違うとは思いますが、全部夫一人に背負わせたくはありません。家族になるってそういうことですよね。同年代で結婚して、同年代の両親を抱えている。どちらも似たような状況なので、そこは助け合ってやっていきたいと思っています。

私たちは「体調不調のときに一人でいるのが不安だから、誰かそばにいてほしい」という価値観が一致して結婚しました。そして近い将来どちらかが病気になったりすることもあるでしょう。一度、夫がギックリ腰（持病。癖になっている）で動けなくなったときに、私は夫の家に食料を運びました。ちょうど私も忙しい最中だったので、正直大変だったのですが、いずれそういう負担（＝配偶者の介護）もやってくるんだろうなという覚悟はしています。まあぶっちゃけ私が介護される可能性のほうが高いと思いますけど。

でも、それが家族になるということ。将来、自分が面倒を見る側か見られる側か、どちらになるかわかりませんが、いずれにせよお互いさま。年とったもの同士、助け合うのみ。今できることは、一緒にジムに行って健康で長生きを目指すことだけです。最近ほとんど行けてませんが（↑）。

家族に遺産を遺したい

みなさんは、死ぬまでに全財産を使い切りたいタイプですか？　私は遺産を遺したいタイプです。甥姪たちに「いいおばさんだったね」って言われたい（笑）！　私が死んだとき、悲しむだけではなく喜んでほしいんですよね。

ただ、結婚して遺産問題に変化が。とりあえず、私はそれまでも年に一回、手帳に簡単な遺言を書いていたのですが（どこに貯金があるとか、暗証番号とか、仕事の連絡先とか）、そこに急遽夫が入ってくることになります。法律上、夫が遺産の大部分を相続することになるわけですが、夫との関係はまだ2年。50年間面倒を見てくれた家族への配分を多くしたいなと思っていて。夫に対しては、一緒にいる期間が長くなるにつれて、比重を増やしていけばいいかなと。

あるとき、その旨をＤＡＩＧＯに話したら、すごい剣幕で反論してきました。

「何言ってんの？　全部旦那さんにあげなよ！」

「え？　なんで？」

「お姉ちゃんと結婚してくれたんだよ！　そんなすごいことをしてくれたんだから全部渡すべきだよ」

「もしかしてＤＡＩＧＯって……ワイのことすごいヤバい人間だと思ってない？」

「まあああるよね……。仕事人としては認めるけど、人間としてはちょっとアレだよね（笑）」

ひどくない（笑）？

私が夫からプロポーズされたときに、「結婚する前に、離婚したときの誓約書を書いたほうがいい」って言ったのはＤＡＩＧＯですよ？　なのに、夫を見てきていい人だとわかったら、「夫にあげるべき派」に変わっちゃった（笑）。


でも、私は家族に平等に遺産を遺したい。

形見もそうです。私は祖母から形見で指輪をもらいました。

なんか大事にしていたものを誰かにもらってもらえるっていいな、と思ったんですね。そしてそれは、次の世代にまた受け継がれてゆく。だから最近は、一生使えるもの、形見として遺せるもの、いらないときに高く売れるもの、などと考えながら買い物するようになりました。

なんというのか、死んでも好きな人たちの役に立ちたいマインドが、私にはあるようです。とはいえ、実際どうなるかわかりません。私も100歳まで生きて、お金を全部使いきっちゃうかもしれないし、逆に迷惑かけるかもしれないし。そのときはゴメン。

家族孝行がバージョンアップ

結婚食事会のあいさつで、私は「これでみなさんの肩の荷が少しはおりたんじゃないかと思います。そしてこれからは二馬力になるので、みなさんをより支えられるんじゃないかと思います」と言いました。

その言葉どおり、結婚してからというもの、私が一人でいたときより家族を支えたり癒やしたりする能力が格段に上がりました！　やっぱり単純に二馬力になるのは大きいです。私が仕事しかできなくて、仕事以外の時間は倒れているという状態ですから、夫がフットワーク軽く手伝ってくれるのはありがたいですね。

夫は、私のことはもちろん、家族のマッサージもしてくれるし、率先して家の頼まれごともしてくれます。甥っ子姪っ子たちの相手もよくしてくれます。実家で家族全員が集まって食事をするときに、夫が空いた皿を下げたり、姪っ子が散らかしたおもちゃを片付けてくれたりしていて、「すごくよく動くなあ」と私は感心して眺めていました（二馬力の片方動いてねえ）。

夫曰く、「えいこちゃんが先に死んだ場合にも仲良くしてもらいたいから、みんなの役に立ちたい」そうです。先を見据えていてえらい。実際、夫は既に家族みんなからの信頼を勝ち得ています（DAIGO参照）。

そもそも、父に「栄子を託せて安心できた」と思わせることができたことが一番の親孝行だった気がする。

入籍する日の朝、花を持って私を迎えに来た夫は、父に「50年間、栄子さんを育ててくれてありがとうございました」とあいさつしたそうです。そしてその言葉を聞いた父は安心して肩の荷がおりたそうです。つか「50年間育ててくれて」ってギャグかな？と思ってしまいましたが（笑）。

とりあえず、私がいつまでも両親を心配させる存在だったとしたら、思いがけず親孝行ができたので、私自身も嬉しい限りです。まあ実際は、今現在も面倒をかけ続けているわけですが。

相手によるとは思いますけど、私は結婚したことが一番の家族孝行になったと思っています。家族の喜ぶ顔を見ると、私も嬉しくなる。人生の喜びがまた一つ増えたのは、それこそ結婚のおかげです。

結婚してよかった

昨今、生涯未婚を通す人は年々増加しています。「一人でいるほうが好き」「結婚に魅力を感じない」「仕事が忙しい」「収入が足りない」などなど、結婚を選択しない（もしくは選択できない）理由はさまざまあると思います。

私もつい数年前までは、結婚を諦めていた一人です。でも今、婚活を頑張ってよかったと心から思っているので、少しでも多くの〝結婚したい人〟には結婚してもらいたいし、結婚を考えていない人にも興味を持ってもらいたい。

将来は同性の友達と一緒に暮らすから大丈夫、と思っているそこのアナタ！その友達は、結婚相手を探すのと同じぐらい難しいです。ルームシェアした経験から言わせてもらえば、むしろ友達と暮らすほうが難しいかもしれない。いきなり結婚相手や彼氏を見つけていなくなる可能性もあります。どちらかが病気になったとき、家賃を払えなくなったとき、年老いたとき、お互いの人生を背負うのに、友達という絆は思いのほか脆いものです。不動産屋さんがルームシェアを嫌がるのは、ちゃんと理由があるわけです。

それなら、将来結婚する相手を探してみるのもいいんじゃないでしょうか。ちなみに、同性でも恋人同士なら話は変わってきます。むしろ早く法的にも結婚できるようになるといいですよね。

結婚のよさは、前にも少し書きましたが、やはり二馬力になることです。すべてを二人で分かち合える。夫の世話になってばかりの私ですが、「私がいるからもう無茶な働き方はやめなよ」って言える。

そしてもう一つ、家族が増えることです。ご両親がいなくなったら一人ぼっちになるはずだった夫に、たくさんの家族を増やしてあげられたことは、私の最大の夫孝行だと思っています。

たとえ将来、この結婚がダメになったとしても、私は一回でも結婚できてよかったと思ってます。ウエディングドレスも着られたし、指輪ももらった。『ゼクシィ』も買えたし、新婚旅行も行けた。夢もいっぱい叶っています。

人間は、経験することで価値観が変わります。だから、いろいろな経験をしといて損はないと思うんです。離婚したとしても経験だし、結婚できていなかったとしても、婚活の経験は無駄じゃなかったと思います。

私は漫画家だから余計にそう思うのかもしれません。結婚したからこそ〝サレ妻〟〝スピード婚〟など「妻」「婚」のつく漫画を読むのが楽しくなりました。それまではあまり読まなかったジャンルなのに、いきなり興味を持つようになったのは、登場人物の気持ちがわかるようになったからですかね？

誰でも、経験が増えると人生は豊かになります。どんな形だっていい。ちょっとでも興味があるならぜひ、婚活や結婚にトライしてみてください。

とりあえず、私は結婚してよかったよ（今のところ）！

VoL.4　DAIGO②(結婚1年後)。

でも確かにさー今ワイが死んだら遺産のほとんどが旦那さんにいくね
ワイちゃんと遺言書いとくよ
何言ってんの!?
遺言とか必要ないよ!!
遺産は全部旦那さんにあげなよ!!
ドーン
だって…お姉ちゃんと結婚してくれたんだよ!?
全部あげても足りないくらいじゃない?
ブルブル
あんないい人が…!!
むしろもっとあげないとじゃない?
じゃあおまえには一銭も残さねえからな?
そこまでか
全然いいよ!!

弟ってみんなこんなカンジですか??

第 5 章

結婚は本当に必要か迷うあなたへ

マイ適齢期で生きる

「自分は結婚したいけどできない」と思い込み、まったく結婚に向かって動きださない人がけっこういます。私に言わせると、それはもったいない。絶対結婚できないと言われていたこの私が結婚できたんですよ？

年齢でいうと、40代になったくらいから諦めてしまう人が多いんじゃないかな。確かにその年代以上だと、初婚の人が結婚できる確率は0・3％でしたっけ？

まわりはとっくに結婚していて、新たな出会いも少なくなっているころかと思います。でも、決して遅いと思わず、できることはなんでもやってみたほうがいい。私もちゃんと行動を起こしたのは44歳。45歳になる年です。諦めず行動し続けた結果、50歳で結婚できたわけです。要するに、諦めたらそこで試合終了ですよってことです。

ただ、この年代は、結婚相手が見つからなかったときのことも考える必要があるのも確かです。パートナーを探すのと同時に、将来一緒に暮らせる〝同志〟も探したり、もちろん一人で暮らすことも想定しながら、とにかく多方向に同時進行しなくてはなりません。正直、結婚できるかできないかって最後は運だと思うんですけど、その運もまずは動かなければ味方してはくれないわけです。

40、50代になると「結婚したい」って言うのもちょっと恥ずかしいっていう人がいるかもしれません。でもそれって誰が決めた？　誰に対して恥ずかしい？

私は、40歳以上の人が当たり前に婚活できる社会になったらいいなと思います。結婚したいなと思ったときに結婚相手を探すのが、少しも変ではない世の中になればいいなと。

そのためにも、「結婚するのは若い人」というありがちな概念をなくしていって、「結婚は何歳でしてもいい」がスタンダードになるといいなと。子どもが欲しい人は早いほうがいいけど、そうじゃないなら、結婚適齢期って存在しないと思うんです。結婚したいときがその人の結婚適齢期ってことで。

私は50歳で結婚して本当によかったと思っています。20代、30代で結婚していたら、当時アレだった私は（第1章参照）、瞬殺で離婚してたんじゃないかな（笑）。つかそもそも若いときに結婚はできなかったよね。アレだから。

50歳になって心がちょっと丸くなったうえに、人生の折り返し地点を過ぎてゴールが見えてきたから、弟たちが結婚していなくなったから、両親が先にいなくなるって気づいたから、体調を崩したから――そういうのを全部体験して初めて、私は結婚という選択肢を本気で考えるようになった。もし何か一つでも欠けていたらそうならなかったかもしれない。そうなるまでに50年かかった。

つまり、私の適齢期は50歳だったということです。

意外にね、「50で結婚したよ」って言うと、「うそ、いいな、私も結婚できるかな?」って言う40代以上の女性が何人もいました。要するにみなさん、結婚できるならしたいけど、言い出せないだけなんですよ。

適齢期は人それぞれ。「もう結婚できる年じゃないし……」というセリフは捨てて、ちょっとでも結婚したいならレッツトライ！

いくつになっても「結婚したい」と言うことは、決して恥ずかしくありません。自分の適齢期は自分で決めましょう。堂々と宣言すると、まわりもけっこう本気で応えてくれますよ！

私も、50歳で結婚したことを堂々と発信していきます。それで「私もしてみようかな」と思う人が一人でもいたら本望です。

リミットがあるのは仕事ではなく出産

20代から30代にかけて一番漫画で活躍していたとき、私は「今はとにかく仕事をするべき時期だ」と思って、必死に働いていました。

30代も終わりを迎えようとしていたころ、ふと「あれ、私子ども産まなくていいのかな?」という疑問が浮かびました。そのとき、占い師の方に「私のこの(ある意味)類まれなDNAを遺さなくていいんでしょうか?」と尋ねたら、「あなたは作品を残せばいいんです」ときっぱりと言われました。「あなたには子どもの星がない」とも。で、公開お見合いがご破算になり、私は子どもを諦めました。

もともと痛みに弱い私は、出産に対する恐怖もありました。実はエッセイで会《え》陰《いん》切開というものがあると知り、絶対無理!と思ったことを覚えています。あとつわりとか、子育てにも自信がなかった。まあ自分の面倒も自分で見られない人間でしたからね。諦めもつくというものです。しかもそのとき産もうとしても、もう間に合わなかった可能性は高いよね。

さらに、ちょうどそのころ、弟の博文が結婚して、甥っ子が生まれたんです。

「あ、ワイが産まなくても間接的にＤＮＡはつながっているんだ」と思ったら、それでいいんじゃないかと、どこか安心した部分はありました。そして、甥姪は現在進行形でどんどん増えて、私のＤＮＡは結果的に遺されてゆくわけです。弟たち夫婦には心から感謝！

本当にリミットがあるのは、仕事よりも妊娠・出産。けっこうみんなそのことに気づいていないんですよね。当然ですが、年をとればとるほど卵子も老化して、子どもができにくくなります。

私がそれに気づいたのは40歳直前。私は卵子が老化することを知りませんでした。学校でも誰も教えてはくれなかった。20代、30代の妊娠しやすさとか妊娠適齢期を、ちゃんと保健体育で教えておくべきですよね。加えて、芸能人とかが当たり前のように30代、40代で出産しているから、自分もまだまだ産めると普通に思っていた。

気がつけば、私は既に妊娠しにくい年齢になっていました。まあ私世代のキャリアウーマンなどは、そういう方も多いんじゃないでしょうか。

「20代のうちに遊びたい！」「若いうちに好きなことをしたい！」もいいけど、子どもが欲しい人は、妊娠・出産の準備もしておいてほしい。

仮に40歳で漫画家になったとしても、需要さえあればいくつになっても続けることができます。特に今はそういう時代になりました。漫画家に限らずとも同じこと。一部の特殊な職業を除いて、物事を始めるのに遅すぎることはなく、仕事はいつだってできるんです。私は手遅れになった年齢になって初めて、順番を間違えたことがわかりました。

妊娠・出産のほうがタイムリミットがある。子どもが欲しければ、そちらのリミットを優先しなければなりません。

よく、年をとってから慌てて妊活している人を見かけます。私のように妊娠のリミットを知らなくて、いざ作ろうとしても簡単にできなかった人もいるでしょうし、普通にできると思っていたけどできなかった人もいるでしょう。妊活という言葉も大きく取り扱われるようになったのは最近ですよね。結果論ではあるけれど、本当に子どもが欲しい人が、リミット間際になって「できない！」と焦ったり、実際できないという結果になるのは本当に心苦しいです。

なので、本当に欲しいなら若いうちに卵子を凍結しておくとか、やれる手だてはとっておくべきだと思います。20代のうちに卵子を凍結しておけば、40歳になって出産を望んだとき、何もやらなかった場合よりも妊娠の可能性は高くなると思うし。「できなかった」→「慌てて妊活する」ではなくて、はじめからできることをやっておいたほうがいい。今はそれが可能になりましたし。

女性側だけの問題ではありません。男性でも、結婚前に受精能力があるかどうか調べてもらうことだってできるでしょう。精子凍結もアリですね。

ときに、結婚してから「実は俺、子どもが欲しくない」と衝撃告白をする男性もいるようなので、子どもが欲しい女性は、結婚前に相手も子どもを望んでいるかどうか、ちゃんと確認することも大事なのかなとも思います。

要するに、大事なのは今を生きるだけじゃなく、人生の先を見通す、想像して行動することかと思います。リミットがあるものは早めの準備を。間に合わなかった私からのおせっかいなアドバイスです。

欲しいのに何らかの原因がありできないという方には、つらい話をしてしまって申し訳ありませんでした。どうか聞き流してください。

結婚したからといって安泰ではない

結婚が決まったとき、「これで老後も一人きりじゃない」と安心した私がいました。そんな中、50代の友達から奥さんが亡くなったという話を聞きました。まだ若いのに、青天の霹靂。そのとき、「そうか。いつ一人になってもおかしくないんだな」ということに気づいた気がします。

「人は結局一人なのよ」

母がよく言います。たとえ結婚しても、パートナーに先に死なれたら一人残される。だから結婚しても安泰ではない。いつだって一人になる可能性があると思って生きることが大事。母は父と10歳離れているので、余計そう思うんでしょうね。

具体的には生活能力ということになるんでしょうけど、生活費の多くを夫が担っている夫婦の場合、妻は夫に先立たれたときの準備をしておかなければいけないですよね。生命保険をかけておくのは必須かもしれません。

それと、

「付き合っていたときは優しかったのに、実はモラハラだった」

「昔はいつでも私の味方だったのに、姑ともめたときに私をかばってくれなかった」

「共働きなのに、夫は育児・家事をまったくしない。子どもの習いごとにも興味がなく、お金を出し渋る」

こういった「一生の愛を誓った相手がこんなはずじゃなかった」系の悩みやトラブルは至るところで目にします。

結婚しなければ見えない真実もあります。結婚はゴールではないのです。離婚する可能性も考えなければいけませんよね。そのとき自分の足で立っていけるのか。例えば夫に非があって離婚したいと考える女性が、自分や子どもたちの生活がままならないから離婚できない、という話はよく耳にします。

いつ死ぬかわからない。いつ一人になるかわからない。なので女性も一人で立てるよう、将来訪れるかもしれないパターンを考え、先回りして準備をしておくといいと思います。

私は一人で生きていこうとしていましたから、前述のとおり金銭面の準備はしてきたつもりです。ただ、今の私が「自立しているか」を問われると、生活についてはまだまったく自立していませんね（笑）。仕事以外は親に任せきりですから。今母が急逝したら、多分我が家はパニックに陥ると思われます。そうならないよう、私も少しずつできることを増やしていかねばならないと思っています。あと、できればエンディングノート書いて母ちゃん。

逆に言うと、ここまで仕事に依存している私は、仕事がなくなったときどうするんだろうと考えることはあります。とりあえずまだ需要がありそうなので、仕事メインでいきますけど、理想は、ある程度の年齢になったらのんびり暮らせる時間を経てから死にたい。祖父みたいに「政治家を引退します」と言った1週間後に大往生、生涯現役、もありっちゃありかなと思ったりしますけど、私はできればそれは避けたいかな。ゆっくり旅行したり、縁側でお茶をすすったりしたいです。

ありきたりかもしれませんが、老後、夫と一緒に生きていくことができれば最高です。でも、一人になったらどうするか。私の場合は、金銭面よりも精神面で支えを失ったときのことを考えていくのが、これからの課題だと思っています。

要するに、結婚さえすれば安心、という甘い考えは捨てましょう、結婚しても一人になる可能性は考えましょう、という自戒をこめたお話です。

晩婚のメリット・デメリット

晩婚のいいところの一つは、離婚の可能性が少ないことだと思います。

20代、30代で結婚した人たちが、子育てが一段落したタイミングで熟年離婚をする話をよく耳にします。日常生活や子育てにおける価値観の不一致が、何十年も積もり積もっての離婚なのは明白です。

50代の結婚は、若いころよりそれぞれの価値観ができあがっていて、すり合わせが難しいと思いますが、お互いさまざまな失敗を乗り越えて経験を積んだ分、若いころよりも相手に対して寛容になっているところがあると思います。

しかも、何年か一緒にいるともう死が目前にやって来る。たとえ相手のことが嫌になっても、別れるよりも先に人生が終わってしまうので（笑）。

近年話題のセックスレスの問題も、おそらく晩婚にはあまり関係ありません。そもそも子作りをする必要がないわけですから、積極的にしたい人はしたい同士で、しなくてもかまわない人はかまわない同士で一緒になればいいと思います。ちなみにうちはあまりしなくてもいいかな派。それに、先ほどと同じく、セックスレスに陥る前に、自然と性交渉がなくなる年齢になります（↑）。

逆に、親が高齢で介護がわりと早く訪れるとか、相手と一緒にいられる余生が短いとか、デメリットも少なからずあります。

死が近いことが、いいことにも悪いことにも捉えられるのが、まさに晩婚のメリットとデメリット。しかしゴールが見えていると人は優しくなれる。まさに死が二人を分かつまで、幸せな結婚生活を送れたらいいなと思う今日このごろです。とりあえず金婚式やるなら100歳まで生きないといけないな（無理）。

余談ですが、ご祝儀が高額になることも晩婚のメリットです（笑）。

私が結婚するとき、従姉の幽木遊貴が10万円包んでくれました。「キミのときにワイは３万円しかあげてないよ？」と聞いたら、彼女は「あのときとは年齢と人数が違うのよ」と笑っていました。その従姉が結婚したのは20代で私は独身。私が結婚したのは50代で従姉は既婚。年齢による相場に加え、ご祝儀を贈るほうも夫婦になっているので２人分となり、ここまで金額が跳ね上がることになったそうです。親族だけではなく、友人たちも年齢的に収入が増えているので、平均値がかなり上がりました。ありがたいことです。

まあこれも、晩年になってやっとパートナーに巡り合えたご褒美かもしれませんね。

一生生きるお金はあるのか

「私は結婚しない」「一生一人で生きていく」「老後は友達と暮らす」などという方々に聞いてみたいことがあります。

「自分が70代、80代になったときのことを想像していますか？」

「１００歳まで生きられるお金を準備していますか？」

年をとれば、若いときより絶対に体は動かなくなっているし、病気のリスクも上がります。自分の体力が落ちた状態をちゃんとシミュレートできているのか、若いうちに考えてみてほしいです。まあねー、人間調子いいときに悪いときの想像するのは難しいし、実際経験しないと、本当のところはわからないものですが。それでもできる限り考えてみてください。

そのうえで、自分が生きている間の生活資金を工面する手だてはあるのか、いくら必要か計算してみてほしい。要は、一生一人で生きると決めたら、その準備はやっておきましょう、はじめから国やまわりをあてにしちゃイカンよ、ということです。厳しい。

そしてこれは、おひとりさまに限らず、結婚している人も同様です。独身だって既婚だって、生きるのにお金がかかるのは同じです。既婚者の場合は単純に収入が2倍になるわけですが、離婚する可能性もあるし、夫が借金を背負ったりする可能性だってあるわけです。天災や戦争とかに関してはどうしようもありませんしね。どちらにしろ、お金において完全に安泰になるのは難しいということです。

ちゃんと用意していても安心はできません。母の知り合いが、90代にしていまだ健在です。その人は元大学教授でそれなりの年金をもらっているので、立派な老人福祉施設にわりと早い時期から入りました。でも、思いのほか長生きしてしまって、お金が足りなくなっているそうです。結局、今はその方のご家族が払っていると聞きました。長生きするのはいいことなのに、なんだか切ないお話です。

おひとりさまで誰にも迷惑かけまいと施設に入った方が、結局家族に助けられてしまっているという現実。完璧だと思っていてもなかなかそうはいかない、自分も100歳まで生きる可能性があるという想定をしておかないとまずいなと、考えさせられる出来事でした。

まわりのそういう事例を見て老後が心配になった私は、40代で投資を始めました。ちょうど体調を崩した時期でもあります。たとえ一人で生きることになっても、甥姪に迷惑をかけたくないですから。

1990年ごろまでは、定期預金の利率がだいたい6%前後あって、定期預金さえやっていればお金を増やすことができました。でも今の利率は0・1%あればいいほう。そういう状況で預金にお金を置いておくことは、あまり意味がありません。むしろ、インフレになればお金の価値は下がります。投資などで動かさないと、増えるチャンスはありません。

「投資？　積み立てNISA？　そういうのよくわかんないんです〜」と言って、何もしていない人はかなり多いと感じています。「わからない」は免罪符になりませんそれでいて、投資をしている人と差がついたときに「格差だ！」と言われても、私は「じゃああなたもやればよかったのに」と思ってしまいます。勉強して、リスクもあると知りながら、果敢に投資の世界に飛び込んでいる人たちもいるのです。私もですけど。コロナショックのときは心を無にして、株価を見ずにひたすら仕事を頑張ったものです（遠い目）。

努力次第で是正できる格差はあります。まずはお金の勉強をしましょう。「わからない」「できない」じゃなくて、わかろうとするのです。

結局行動しないと身にならないのは、すべてにおいて同じです。資産形成も婚活も、行動している人だけが結果を出せる可能性がある。たとえ失敗したとしても、それを教訓にしてやり方を変えていけばいいだけです。

一般的に、インデックスファンドの積み立ては失敗しにくいし、若いうちから始めたほうがいいと思います。インデックスファンドは手数料も安いものが多いし、運用期間が長くなるほど、取得金額が平均化して損しにくくなるからです。仮に失敗しても、若いうちなら仕事で稼げばやり直せる。それなら、できるだけ早い段階で投資を始めたほうが、メリットは大きくなりますよね？

ただし、投資はあくまで余剰資金でやること。生活が破綻してしまっては元も子もありません。1万円でも10万円でも始められるので、ぜひチャレンジしてほしいです。給料が上がるのを待っているだけではなく、自分でなるべく増やす努力もしてみましょう。お金にお金を増やしてもらうのです。

ちなみに、私の個人的おすすめはアメリカの個別株。アメリカ株＝ドルを持っていることにもなるので、危険分散にもなりますよね。私はマイクロソフトなどを持っていて、こういう株は下がるときはすごく下がりますが、戻るのも早いです。大事なのは、下がっているときに焦って売らないこと。これは積み立て投資でも言えますが、じっくり待つ忍耐力を身につけましょう。

ちなみに、ジャンル別のアクティブファンドなどは、手数料も高いうえ、一度下がるとなかなか戻らないので、手を出さないのが賢明です。以上、影木の個人的見解なので、投資は自己責任でお願いします。

あと、私は金《きん》も多少保有しているのですが、これはアレです。何か未曽有の出来事が起きて、すべてのお金が紙くずになったときに、これがあればパンと交換できるかもしれないという、それこそ最悪な事態を考えた上での行動です。
その他、ｉＤｅＣｏや国民年金基金、ＮＩＳＡなど、公的に活用できるお金の増やし方はいろいろあります。ちなみにＮＩＳＡは積み立てがおすすめです。

今、楽しく生活できるだけのお金が十分にあるから大丈夫と思わず、年をとったときをイメージして、生きている間のお金を作りましょう。思考停止に陥るのはもうやめて、まずは一冊お金の本を読んでみませんか？　歩けない自分、目が見えなくなっている自分、がんになった自分、リストラされた自分……。そういう可能性も考えて、１００歳まで生きたときに必要なお金を準備しましょう。私も頑張ります！

これは、一人でも結婚していても、早いうちから準備しておいたほうがいいよ、という私からのアドバイスです。私ももっと若いときから始めたかったな！　投資については、この本とは別にどこかで詳しく話したいですね。

VoL.5 北川景子。

エッセイ読んで帯のコメントまでありがとなー♡
育児家事で忙しい時に
すごくいい本だった
その上で影木栄貴に伝言があります
!?
結婚してもうその心配は消えてるかもしれないが…
キリッ
もし何かあっても私が影木栄貴の面倒をみる!
それは一生変わらないから!!
影木栄貴が一人になることは絶対にない!
不安に思わないでいいからね
じゃ
きゅううん♡
景子ちゃん……っ
ほれてまうやろー♡

義妹が男前すぎる件について(ワイ一生人生安泰決定)。

第6章

自分が満足する人生の選択

生活レベルを上げると詰む

ここからは私の人生論を語る雑談コーナー。

さて、結婚して二馬力になり収入が増える、または夫の稼ぎがよくて使えるお金が増える場合があると思います。そこで気をつけていただきたいことが少々。収入が増えると、高い食材を買ったり、家賃の高い家に引っ越したり、高い家や車、ブランド品などを購入したりしてしまう人がいます。

私も一人暮らしをしてから、引っ越すたびに広い部屋を求めていったので、家賃もどんどん上がっていきました。仕事場として使っていたので、経費として計上ができたものの、経費が増えすぎて収入は雀の涙……。

「ワイはなんのために働いてるんだっけ？　家賃とアシスタント代のため？」

貯金が増えない状態のまま、最終的にルームシェアをしていたころには、貯金を切り崩すようにまでなってしまった。金銭面で将来への不安を抱くようになっていた私でしたが、そのタイミングで実家に帰ることができました。

でも、実際広い仕事場は居心地がよく、そのときの収入が前より減っていても、今より狭い家を借りるという選択肢は考えられなかったんですよね。アシスタント代も、一番稼いでいたときにやっていた「常に多めに賃金を渡す」「たとえ赤字になっても人件費はケチらない」というポリシーを、結局最後まで変えられなかった。〝先生〟としてのプライドがあったのかな。つか一度上げた賃金ってなかなか下げられませんよね。

そう、人は一度生活レベルを上げると下げることが難しくなるんです。

人はお金を持つと、普通に安く買えるものを、わざわざ高く買うようになったりします。そんなふうに、収入に合わせて支出を増やしていく行動に、私は警鐘を鳴らしたい。生活のレベルはある一定のところで止めておくべきだと。

たまに、破産した有名人のニュースを見かけますよね。いい場所に住み、いいものを身につけて、いいものを食べる――そういうふうに生活のレベルを上げすぎてしまうと、そのレベルに見合う収入を得られなくなったとき、借金をしてまでその生活を維持しようとしてしまう。やはりプライドもあるのでしょう。そういう人を見ると、私はいつも悲しくなります。昔たくさん払った税金返してあげて！って思います。

確かに、昔の私は「もっといい部屋、もっと広い部屋を……」と思って、引っ越しを繰り返していました。でも、いくらお金をかけても、賃貸の家は自分のものにはなりません。私、家を出ていた17年の間に一体いくら使い捨てたんだろうと計算すると震えます。

結局のところ、たとえお金を持ったとしても、使うべきなのは一生もの。使い捨てとかワンシーズンものには、お金を使いすぎないようにしないといけません。ケチになれと言っているわけではありません。自分の収入がこれぐらいで、ここまでなら使っていい、という線引きをすること。一番いいときの収入で人生設計をしないこと。いつでも自分や夫が働けなくなること、収入がなくなることを、常に頭に入れてお金を使うべきだと思うわけです。

ただし、一生ものだからといって、高すぎる家を買うのも要注意です。一番収入があるときにローンを組むと、払えなくなる危険性も出てきますから。35年ローンと聞くと、私は勇気あるなあと思ってしまいます。35年後に自分の状況がどうなってるか、見当もつかない。せめて、なるべく頭金を多く払うといいと思います。しかも、変動金利にすると今はいいかもしれませんが、金利が上がったときに詰むのでおすすめしません。「頭金ゼロでも、家賃と同じくらいのローンで家が買えます」という宣伝文句は非常に危ない、と私は思っています。

お金があるからと、好きな服やバッグを際限なく買わない。セールだからとあまり欲しくもないものは買わない。買ったけど使っていないものがお家に眠っていたりしませんか？　100円ショップで、安いからと必要ないものを買うのもある意味無駄遣いです。あと、カードで支払うときも要注意です。引き落とし日に残高は通帳に残っていますか？　まさかリボ払いとかにしてませんか？　リボ払いは金利や手数料が高かったりします。投資をするときも、絶対に生活資金に手を出してはいけません。たったそれだけのことでも、できているのといないのとでは大きく変わってくるのではないかなと思います。

いきなり宝くじで高額当選をした人が、なぜかその後破滅することが多いのも、お金の使い方に慣れていないからかなと思います。

日本人はお金のことを学ぶ機会がそうそうありません。だからお金の使い方がとても下手です。使うところ使わないところをしっかり見定めて、お金に困ることがないよう生きていけたらいいですよね。

私？　インナーや部屋着はほとんどユニクロですね。現金派なので、財布にある金額以上の買い物はできないし、クレジットカードを持っていないので、通販で使いすぎたりすることもありません。スマホゲームの課金も、Ａｐｐｌｅギフトカードなどをコンビニで買わないとできないので、無限に課金することもありません。キャッシュレスの時代に逆行してますが、おすすめです。

話はそれますが、もう一つお金についての持論を。

「お金の話をするのは汚い」という概念が日本にはある気がします。

例えば、漫画家やイラストレーターがお金の話をすると、「好きなことをやっていて、お金まで欲しがるなんて」と言う人がいます。いや、お金いりますよ。漫画家だって生きていくにはお金が必要ですから。

しかし、お金に無頓着な方が多いのも事実で。すごく低い原稿料や印税で描いている人を見たり、無償で色紙や特典をやっていたりするのを見ると「社会人なんだからちゃんと交渉しようよ」と思ってしまいます。私は労働力に対価が見合ってないと判断した場合は、ちゃんと交渉するようにしています。でも、たまにお金の話をした瞬間、話が通じなくなる編集さんなどもいて、本当に日本という国は、理性的にお金の話ができない風潮があるんだなと思います。

アメリカのようにあまりに権利主義になるのもどうかなと思いますけど、やっぱり、「自分の働きに対してこの金額は安いと思います」「サービス残業はNO！」と、はっきり主張できる社会になったほうがいいと思いませんか？　そのためには、まず家庭レベルで、特にお子さんときちんとお金の話ができる環境が必要だと思います。

「お金の話をするのは意地汚い」「お金の話はタブー」という意識を変えないと。投資はギャンブルだと勘違いしている人が日本にはまだたくさんいます。小学校から教育の機会を作るのはもちろん、大人になったみなさんも、ぜひお金の勉強をして、「ボールは友達！」くらいの勢いで、「お金は友達！」と思って、どんどん友達を増やしていきましょう！　あ、生活レベルは上げすぎたらダメですよ。

実家をもっと活用する

私が社会に出るころは、「社会人になったら実家を出て、自立するべきだ」という風潮が強かったように思います。今でもそうかもしれませんが、私は、実家に部屋があるなら実家にい続けてもいいんじゃないか、と考えています。

生活をするうえでもっともお金を使うのは、家賃ではないでしょうか？　前述しましたが、賃貸住宅は、家賃を払い続けても永遠に自分のものにはなりません。そこにお金を使い続けていることが、私にはどうしても無駄に思えてしまいます。私は仕事場として経費に計上できるからまだいいのですが、会社員の人だとそうはいかないでしょう（家賃全額出してくれる会社ってどれくらいあるのかな？）。

特に若いうちは給料もそれほど多くないので、なおさら実家にいたほうがいいと思うんですよね。

それに、毎日の食事も、一人暮らしでカップラーメンを食べるのと、実家で親の作る料理を食べるのとでは、健康面で大きく変わってきます。

実家から職場に通えない、実家では仕事ができないという場合は難しいですが、そうでないなら、無理して家を出る必要はないはず。利用できるものは親でも使え、ではないけど（笑）、将来の生活が金銭的に有意義になるほうを考えたら、ぎりぎりまで実家にいて、貯金や投資をするほうがいいと思っています。

そうしたら、お金がないから結婚できない若者が少しは減るんじゃないかな？

現在老人のほうがお金を持っているという話もありますし。使えるものは親でも以下略。

もう一例。子育てのワンオペがつらい主婦も、実家を活用することを推奨したいです。

私は常々、子育てするには核家族より拡大家族のほうがいいと思っていて。それも夫が妻の実家に入る『サザエさん』スタイル。そうすれば嫁姑問題は起こらないし、両親に子どものお迎えなども任せられて、共働きなどがしやすくなります。しかも家族が多いと、子どもに社会性が身につきます。祖父母の生きざま、死にざまを間近で見ることによって、人としての経験値も上がるのでは？

まあこれには同居できる広さの実家が必要ですし、仕事や夫家族との調整といった問題もあるでしょうし、家族仲が悪かったり、そもそも毒親だったりすると不可能なわけですが、これが実践できると、少子化対策にも一役買えると思うんですよね。

なんせ今のご老人は長生きでパワフルなので、このエネルギーを使わないのはもったいない。私は親から子へ、子からまた次の世代へ、エネルギーもお金も使えばいいんじゃないかと思ってます。より未来のために使うほうが有意義じゃないですか？　そりゃ多少は親にも恩返ししますけど。

ちょうど、リモートワークができる環境も整った時代なので、もし可能なら、どうぞ選択肢の一つとして、実家で暮らすことも考えてみてください。実家はいいものだ（働くニートより）。

男と女の間には深い川がある

被災地での生理用品問題がX（旧Ｔｗｉｔｔｅｒ）を賑わせたのは記憶に新しいですが、これは男性が女性のことをわかっていない典型的な一例だと思います。女性がいくら「生理用品はこれだけ必要」と訴えても、「そんな多いはずがない」「布やティッシュでなんとかなるだろう」「女ばかりずるい」などといった〝生理用品は嗜好品〟マインドの男性がうじゃうじゃ湧いていていました。びっくり。

私はその男性たちを責めたいわけではなく、基本的に男と女は違うもので、お互い理解し合っていないので、正しい知識を学校で教えるべきだと訴えたいのです。つまり性教育です。

生理のときの経血量がどれくらいかなんて、男子も女子も保健体育で教わっていませんよね？　ナプキンの必要性を教える授業なんてありませんでしたよね？

もしかしたら教える学校もあったのかもしれませんが、きっと、その場には女子児童だけが集められていたはずです。それに、生理の話題は恥ずかしいものとして、話しづらい風潮もあったでしょう。私はなぜ「生理は恥ずかしい」というマインドになっているのか、常々不思議に思っているのですが。自然現象じゃん。

こうして学生時代を振り返ると、男性が生理について知る機会がほとんどなかったんじゃないかな、ということがわかると思います。

一方で、女性も男性の性をわかっていません。お母さんが息子の部屋に入ってエッチな雑誌を見つけてショックだった、という投稿を見たことがあります。男性はある程度の年齢になったら精通がきて、マスターベーションするのが当たり前。それを「うちの息子ったらいやらしい……」と言って息子を叱る母親がいるのは、日本が正しく性教育を行ってこなかったことの弊害ではないでしょうか。

女性のみなさんは知っていますか？　男性は精子を出さずにどれぐらい我慢できるのか。出したいという衝動はどれほどのものなのか、ぶっちゃけ私もわかりません。そして正確に理解することは一生ないんだろうなと思います。一生同じ感覚を共有することはできません。体が違いますから。
私はエロ本やエロ動画は別に見てもいいよ派です。だって私も見たいからね！

女性の体の話に戻すと、ＰＭＳやつわりも理解していない男性も多いでしょう。とある男女がケンカをしたとき、女性が「ＰＭＳでイライラしていた」と謝ると、男性が「そうやっていつもＰＭＳに逃げてない？」と言い放ったそうです。また、妊娠している女性が、つわりで具合が悪くて横になっているとき、自分の分だけご飯を買ってきたり、「俺の飯は？」と言ったりする夫がいたそうです。
生理もつわりも病気ではないけど、病気レベルに苦しい人は苦しい。男性はそれを知識として理解する必要があるはずです。

日本は本当にちゃんとした性教育をするべきです。男女の体のつくりだけじゃなくて、男と女の本能の違い、生理現象の違い、脳のつくりの違い、ちゃんとしたセックスの仕方など、日常生活に役立つ正しい知識を教えるカリキュラムを作ってほしいです。性はいやらしいもの、隠すもの、汚いもの、恥ずかしいものという認識ではなく、三大欲求であって当然のもの、子どもが生まれるための大切なもの、という前向きなスタンスで受け入れられるものにできたらいいなと思います。そのうえで、セックスにおける病気や妊娠の危険性を教える。避妊の重要性も教える。それが本当の教育だと私は思っています。男子がAVを見て勉強（？）し、それを女の子に実践するとかどう考えてもおかしいでしょ。

私たちは、どこかで男女が同じ人間だと思って話をしています。でも、根本的に違うつくりの生き物。男女平等を叫ぶ人もいますけど、決して同じではない。それは差別ではなく区別です。お互いの違いを認識し、それぞれの性を知ろうと歩み寄り、尊重し合える社会になればいいなと願います。

ところで常々思うんだが、みんなの体に当然ついてるものにモザイクかけるのっておかしくない？

女の敵は女ってこともある

前述のとおり、男性が女性の性について理解していないのは、根本的に違うものだから仕方がないとして、女性が女性を理解できないことが実は多々あります。女同士の間にも深い川がある。むしろそっちのほうが厄介だったりします。

例えば、生理が軽い人は重い人のつらさがわからない。だから、生理痛で仕事を休まなければいけないほどつらくても、「甘え」だと言ったりするんですね。女性の中で意見が一致しないわけだから、生理休暇など取るのが難しいのは当然なのかもしれません。実際私も、ある人に生理が毎月きっちりやって来て、しかも別に症状はない、と聞いたとき、「そんな人がいるんだ！」って初めて知りましたからね。逆に、生理不順の人がいるのを知らなくてもおかしくないわけです。で、生理不順だった私が婦人科巡りをした話をしましたよね（第2章参照）。

実はその中には、とんでもない婦人科医も存在したのです。生理で仕事がままならない、と訴えると、その婦人科医はこんなことを言いました。

「みんな、生理でも根性で仕事してるの。日本の社会保険料が足りないと言われているのに、こんなたいしたことない症状で病院に来るなんて……」

私はすぐさま病院を後にしました。「健康保険料は最大額払ってるよ！」と憤慨しながら。

何より一番ショックだったのは、その言葉を言ったのが女医さんだったことです。命に関わらないからでしょうか？　その他の婦人科でも、どこか本気を感じないお医者さんたち。ようやくしっかりカウンセリングをしてくれて、ピルを処方してくれた婦人科には、今でも感謝しかありません。あ、ちなみに私に暴言を吐いた病院は、その後やっぱり潰れていました。当然やな。

婦人科というのはなかなか病院によって差があるのも事実。どうかみなさんもいろいろな婦人科に行って、自分に合う病院を見つけてください。婦人科系の病気は早期発見すれば治るものも多いので、気楽に通える婦人科を見つけることはとても大事なことだと思います。

話がそれました。

女性同士でわかり合えない話に戻すと、妊娠、出産、育児もそうですね。つわりの有無や妊娠期間中の体調は個人差があるし、出産だってするりと産む人もいれば、難産の人もいる。なんの不調も問題もなかった人が、弱っている人に対して、「母親になるのに気合いが足りない」なんて言ってしまうこともあると思います。あるいは、自然分娩をした女性が、無痛分娩をした女性に対して「痛みを我慢して産んだからこそ母性が出る」などというおかしなマウントをとることも。これは嫁姑間で多い問題かな。

子育てに関しても、子どもや環境によって状況は千差万別。なのにあまり手がかからない子どもを育てた人が、そうでない疲弊しきった人に対して「手際が悪いんじゃないの」とか言ってしまうわけです。これも嫁姑以下略。

同じ体験をするけど、それぞれ状況が違うからそういう軋轢《あつれき》が生まれるんですよね。私の場合、妊娠・出産を体験していないので、子どもを産んだ人はみんなすごい、としか思えませんが。経験がないと想像するしかないですからね。

同じ女性なのに理解できない、理解しようとしない女性は少なからずいます。でも本当にわからないだけって可能性もある。そのためには、例えば生理の話を恥ずかしいなんて言ってないで、ちゃんとお互いの状況を伝え合えるような環境が必要なのではないでしょうか。これまたSNSで生理とか言うなっていうのもやはり女性だったりするのが困りものですが。

私は夫に自分の生理がいかに重いか、出会ってすぐに伝えました。はじめは戸惑っていた夫ですが、だんだんと受け入れ、今では私より私の体調に詳しくなっています。生理のことなんてわからないけど、話を聞いて、一生懸命想像してくれているのでしょうね。

なので私たち女性も、自分の状態だけがすべてとは思わず、違うケースがあることを知り、その大変さを想像する力を養っていけたらいいなと思います。

未来を想像する力を培う

小学校で将来の夢を書いた人は多いんじゃないでしょうか？　そして、その夢を叶えている人はどのくらいいるのでしょう？

若いうち、特に学生のころは、勉強や部活、趣味、交友関係など、目の前のことに夢中になりがちで、将来、自分がどうしたいかを考える時間があまりないかもしれません。小学校、中学校、高校、大学と、漠然とみんなと同じ道を進んだりしているのではないでしょうか。

ですが、何をするにも若いうちから未来を見据えて動いたほうが、圧倒的に有利です。早く動きだしたからといって夢が叶うとは限らないけど、動いていない人より有利なのは間違いありません。例えば就職活動で「みんな就活してる！私は何をしたいんだろう」とそのとき初めて考えた人は、多分後れをとるでしょう。行きたい会社の募集が既に終わっていた、なんてことにもなりかねません。

だからこそ、漠然と若さを謳歌するのではなく、なるべく若いうちから「自分がやりたいことはなんだろう?」「好きなことはなんだろう?」「自分は将来何になりたいんだろう?」ということを考えながら生きてほしい、と思います。目標を持つと、自然と選ぶ進路も決まってくるんじゃないかな。


ただし、夢に向かって一直線すぎると、もしも叶わなかった場合、人生計画が狂ってしまい、挫折してしまう可能性もあったりします。例えば、大学を中退して夢に向かって進んでも、成功しなかった場合、何をすればいいのかわからなくなったり、その後の未来の選択肢が限られてしまったりするかもしれません。

幼いころからスポーツなどに打ち込んで、世界で活躍する選手もいます。でも、そんな天才はごく一部。多くの人はその狭き門に入るのが難しいと思います。じゃあどうするかというと、「早いうちからスタートをきる」に加えて、「たくさんの経験をする」ということも意識して行動すればいいと考えています。

要は、「自分の夢を叶えるためにはどうするか」「夢が叶ったとき、叶わなかったときにどうするか」、それらの可能性をいくつも想像するのが大切だということ。

私は小4で「漫画家になる」という夢を持ちました。漫画を描いて投稿したり、同人誌をやったりと、漫画家になるための行動をしてきました。

一方で、大学時代にはフランス語に興味を持ち、その勉強にも打ち込んだし、駅や出版社などでバイトもしました。これは、私が漫画家になれなかった未来も想定してとった行動です。私は大学の助手だったり、駅員だったり、編集者になったりする可能性もあったわけです。

だけど、そもそも漫画家になるなら、引き出しは多いほうがよかったんです。とにかく漫画に集中したいから高校・大学を中退する、ではなく、高校や大学で経験できることはしておいたほうがいい。大学受験も大学生活も就職活動も、やったことはすべて糧になるから、たくさんトライするほうが引き出しの多い人間になれると思うんです。

結局、私の場合は、漫画家としてすべてが使えるネタ、財産にはなりました。これは漫画家に限った話ではありません。引き出しが多いほうが人生の選択肢が増えます。どんな職種だって、経験が無駄になることはないと思っています。

前述のとおり、結婚だって同じです。もし「絶対に専業主婦になりたい」「玉の輿《こし》に乗りたい」などという目標を早い段階——学生時代に立てたら、それ相応の相手と出会うチャンスが多い進学先や就職先だってあるはずなので。

誰かに言われたことをやるのも、人が敷いたレールを歩くのも、アリだと思います。それを自分自身で選んだのなら。でも、それで満足できますか？　30歳、40歳になったときに、不満を抱く自分はいませんか？　人生は一度きりですよ。ちゃんと未来を想像して、自分で考えて決めた人生なら、きっと後悔はないはず。そのためにも、自分で選べる未来、やりたいことをできるだけ若いうちに決めて、行動を起こしたほうが得策だと思います。まあ50歳になってから自分探しの旅に出たって、それはそれでいいと思うけどね。それで間に合うことだったらね。

〝右へならえ〟はもうやめよう

日本人って本当に「みんなと一緒」が好きですよね。「みんながしているから」「みんなが言っているから」「みんなが着ているから」といって行動する人が多く、自分の価値観で動いている人は本当に少ないなと感じます。同調圧力が強いって言うの？

私は中学のとき、休み時間に女子がみんなでトイレに行く理由がわかりませんでした。「本当にみんな、トイレに行きたいの？」「私は今トイレに行きたくないんだけどな」と思いながら彼女たちについて行きました。みんながみんな、同じように制服を着崩しているのも理解できませんでした。むしろ「みんながやっているからやっている」という思考がかっこ悪いとさえ思っていました。

私は流行の服装を積極的に取り入れません。とにかく自分が好きなもの、自分に似合っているものを選びます。もちろんいいと思えば流行のものも買いますけど、あくまで自分の主観で考える。たまに「ええっ⁉」って驚くようなものが流行ったりするじゃないですか。え？　ヤマンバギャルとか（こそっ）。そういうものに合わせている人を見ると、「それ、本当にいいと思ってやってるんか？」と聞きたくなってしまいます。

流行に乗ることは、経済を回すという点では意味があると思います。でも、業界の提出したトレンドに転がされているという見方もできますよね。本当に自分がいいと思ってやっているのか、まわりがみんなやってるからいいと思うのか。みなさんはどちらですか？

みんなが着ているから着る。みんなが持っているから買う。みんなが行くから行く――。まわりの目ばかり気にしていると疲れませんか？　時代や流れに関係なく、自分がいいと思うものを「自分基準＝自分だけの美意識」で考えられると、人生がちょっと楽になると私は思うんですよね。

自分の価値観で生きていたら、仕事のスタイルや家族の形、結婚適齢期なども多種多様であっていいのに、まわりの声や視線を気にして、型にはめようとするから窮屈になる。もっと自分の判断基準で自分の人生を決めていいのに、と思います。要するになんだってアリだと思うんだよな。

あと人と意図的に「ズラす」ことによって得することがあります。例えばランチの時間、12時に行けば混んでいる店も、11時半に行けばまったく並ばず入れたりする。連休をずらして休みを取れば、渋滞にはまらず、交通費も安く旅行に行けたりする。50歳で結婚をしたら、こうして本を出せたりもする（笑）。そうやって、敢えて人と違う行動をとるのも悪くないですよ。

現在の日本は、人の目を気にして〝普通〟の道を歩もうとする人がたくさんいます。

「人」って誰だよ？

知らない人に何を言われても、気にすることはないと思いませんか？

ここ数年、生き方の多様化がどんどん進んでいるので、今こそ自分の物差しで自分だけの人生を送ればいいと思います。

つまり、そろそろ「右へならえ」をやめてもいいんじゃないかなという話。

まわりの目も、平均もどうでもいい。

もともと特別なオンリーワンでいきましょう。

その悩み、年をとるとなくなります

女性の20代後半から30代半ばは、もしかしたら一生で一番精神的につらい時期じゃないかと思うことがあります。人生の分岐点が多すぎる年齢なんですよね。仕事、結婚、出産など、さまざまな選択を迫られながら、若さという勢いが失われつつあり、社会では責任のある立場になりつつあり、先行きに不安を感じつつあり……。ちょうど結婚する人も多い時期で、環境も変わり、出産も考えなければいけないころ。そして結婚したいけどできない人や、社会で壁にぶつかり転職を考える人など、それぞれの立場で悩みは尽きない年頃でしょう。女性の厄年も30代に集中していますし、やっぱり一番生きづらいときなのかもしれません。

私がメンタルを病んだのもそのころです。ホルモンバランスや、一人暮らしで寂しくなったのもありますけど、仕事で壁に当たって、「この先、漫画で食べていけるのかな……」と、将来が不安になったのも原因の一つだったと思います。

でも、経験として言わせてもらえば、人生、山があれば谷もあります。落ちているときは無限に落ち続けるような感覚ですが、絶対底があり、浮上するときがやってきます。だからつらいときの衝動には従わず、もう少しだけ踏ん張ってみてください。人生には必ず楽しいことが待っています。もし、今そのくらいの年齢でつらい方がいたら、この言葉を送ろうと思います。

「年をとるにつれてどんどん楽になるよ！　不安に思わず年をとってほしい」

年をとると人生のゴールが見えてくるので、未来が見えないという不安がなくなります。時間がいろんなものを解決してくれます。そして、ちょっと鈍くなっていきます。黒歴史に頭を抱えることもありますが、それもどんどん遠ざかっていた感覚が人生を楽にしてくれます。今まで気になっていたものも気にならなくなります。前は、道を歩いていて自分だけコートを着ていたら恥ずかしくてモジモジしていましたが、今はびくとも気になりません。いい意味で鈍感力が育つのかなと思っています。

そして、人は慣れる生き物なので、つらいことも何度も経験していくうちに平気になったりします。年をとればいつか楽になるから、ずっと苦しいわけじゃないから、とにかく生きてほしいと伝えたいです。

人生の選択で間違えることもあると思います。でも私から言わせれば、やってみて失敗した後悔より、やらなかった後悔のほうが後々引きずります。失敗した直後は落ち込むかもしれませんが、失敗もいつか必ず糧になるので、どうぞ恐れずやりたいことをどんどんやってください。

老いるのが怖いという人もいるかもしれません。でも50歳、意外と元気ですよ。私も50歳になってみて、「あれ？　思ったより全然変わってないな」と実感しています。心は永遠の中二病。両親曰く「今が反抗期」。みんなが思うより、今の50歳ってそんなに老いていないんだと思います。だから、命大事にガンガンいこうぜ、です。

どうか自分の選択に自信を持って生きてください。

年をとるのを恐れないでください。

楽しい未来がきっとあなたを待っています。

最後は運？

みなさん、占いは好きですか？　私は好きです。

アレは統計学なので、実はけっこう当たるんですよね。占いといってもさまざまなものがありますが、特に四柱推命は、生年月日に加えて生まれた時間、性別でみるので、よりパーソナルな結果が出るなと思っています。12月6日生まれの人が全員同じ運勢なわけないだろう、と思うわけです。

まあでも統計学なので、私はいいことだけ信じることにしています。悪いことは教訓として頭には入れておきつつ、「自分は統計には当てはまらない」と思っていればいいと思います。

で、みなさんはいわゆるスピリチュアル的なものは信じていますか？

私はね、なんというか、信じざるを得ないというか。人の力ではどうしようもない運みたいなのはあると思ってるんですよね。

なぜそう思うかというと、そういう「運」を持っていたとしか思えない人たちが近くにいたから。

総理大臣になった祖父。

ミュージシャンになったDAIGO。

教科書に載るようなレアな歴史上の人物に、なぜ祖父がなれたのか。DAIGOより歌がうまい人はたくさんいるのに、なぜDAIGOが有名になったのか。運以外に説明がつかないんですよね。なぜもっと描ける人がいるのに、私が今でも漫画家でいられるのか、もそうだな。

誰が売れるかまったくわからない芸能界で、パワーストーンなどをつけている人をよく見かけるのはそういうことかなあと思っています。みんな見えない力があると思っている。

実際、私が結婚できたのも運がよかったからとしか思えないわけですよ。しかも、私の条件を全部のんでくれる菩薩のような人と出会うなんて、運がよすぎない？

え、じゃあ今まで書いてきたことはなんだったの？　結局運が悪かったらどうしようもないじゃん、って思うかもしれません。でも違うと思うんだな。

私が思うに、最終的にその運を引き寄せたのは自分自身なんじゃないかと。そうなりたいと思って、強い信念を持って頑張って行動してきた結果、運が味方してくれたんだと思うわけです。まあ運ってタイミングとかもあってなかなか難しいんだけど、とりあえず果報は寝て待てでは、やって来た運も逃すということです。

だからね、見えなければ何をしてもいい、何を言ってもいいマインドはアカンのですよ。見えない力があるってことは、言霊《ことだま》とかもきっとある。ダメだとかできないと言ったらそうなってしまう。自分のしたことは、いつか自分に返ってくる。幸運があるってことは、天罰みたいなものもあると思うよ。

だからいっぱい徳を積んで、やれることを全力でやって、そして運を自らの手でつかみ取りましょう！　やればできるマインドは大事。神様はきっと見てるよ！

最後に私からメッセージを。幸運を祈る☆

VoL.6 旦那さんとワイ。

マッサージ屋さんに紹介されラインのやりとりから初対面のワイら
第一印象好感度大!!
くっくれるの?
特にコレが↓
五条悟グッズつめあわせリュック。
プレゼントです
いろいろ価値観が一致したワイら
とりわけ好印象だったのが…
僕お化粧苦手なんですよね
ありのままが一番っていうか…
マジ!?
一応メイクしていた。
なら次回スッピンで来るやで!?
OK
で、2回目のデート。
どう? スッピン
大丈夫そう?
つるん
とてもいいと思います
そっか
じゃ、つきあう?
定食屋の中心で交際をせまる!!

つっつきあいます
それは友達として？恋人として？
えっと恋人の方で
じゃあこれからよろしくお願いします
ペコっ
こちらこそ
ペコっ
影木はすぐ白黒つけたがる性格だった↑。
駅までの帰り道は手をつないで♡
なんで動揺してるん？
いや、まさかそっちから言ってくるとは……
しかも定食屋で…
そして3回目のデートはワイの誕生日だった。
プレゼント何がいい？
恋人リングが欲しいです!!
会って3回目に指輪を買わせるワイ↑。
これがいい♡
ヴァンクリーフ&アーペル ペルレスモールRG 当時約9万円!!
で。
どこいく～？
渋谷スクランブルスクエアって屋上のぼれるんやて
！
行こう!!

うん
いい景色だ
人がゴミのようだ
だが寒い。
降りよう！
くるっ
もうちょっと
歩こうよ!!
まーっ
？
いいけど
せっかく入場料払ったしね
すたすた
キョロ
………
すた
そして彼は
まわりをぐるぐる
歩きつづけ…
人があまりいない
場所に辿り着くと…
栄子ちゃん!!
はいっ
結婚を前提に
僕とつきあって
下さい!!
ぎゅっ
!?
ザザッ

こっこちらこそ
よろしく…っ
正直いきなりすぎで
なんて答えたか
イマイチ覚えていない。
――しかし何故
改めて告白？
定食屋のアレは
あまりにムードが…
僕がリベンジしようと
ロマンティックな場所を
探しているのにアナタは
帰ろうとするし…
はー…
引き止めるの
大変だった…
――正直
すまんかった
だからもう
少し歩こう
だったんやね
旦那さん意外と
シチュエーションを大事にする
タイプと判明…
しかも後に
サプライズ好きも
判明する。
まさかの告白
やり直しとなった
そしてワイらは
お正月休みにも
デートをするコトに
「呪術廻戦0」の
映画行こう！
乙骨
LOVE!!
チケット予約
よろしく!!
はーい

しかしワイ
大晦日に発熱し
ダウン
元日に病院に行き
コロナインフルは陰性。
相変わらず
システムベッド。
熱も下がるが
仕事が終わらないまま
約束の2日に…
でもチケットを
取ってもらって
しまった…
しかもプレミアム
シート。
カタ
カタ
行かねば…
しかし…!!
ええい相手に
運命を託そう!!
ふっ
ぼ
3日おフロに
入ってなくてもいい
なら行きます
全然
いいよー
もうかくすものなど
何もなくなったワイ
旦那さんとの結婚を
本格的に決意する!!
きたなくて
ゴメンね…
いいよー
後に日常となる。
で。
結婚指輪は
買い合うと
して…
婚約指輪はどうする?
栄子ちゃんの
好きでいいよ
もう50だし
必要ないわ
フッ
そうなの?
——と言いたい
所だけど…

すみません
めっちゃ欲しい
です!!
バァーンッ
左手薬指に光る婚約指輪にずっと憧れてたんやーっっ
50女の本音炸裂!!
ハハハ
じゃあ好きな指輪選んどいてね
予算は?
いくらでもいいよ
何やて!?
そうして…指輪を探してネットサーフィンをする日々…
できればー結婚指輪と重ね付けできて
カタカタ
普段使いできて
デザインがカッコいいやつ…
カタ
これがいい!!
やっぱりヴァンクリ!!
エステル
プラチナ
ダイヤモンド
ダイヤが0.4カラットだと70万円台… 0.5だと100万超え…
相場わからんし あっちの収入もわからんし…
ここは…0.4にしとくべきやな
決めました♡
70万だけどいい?
いいよ
じゃあ買いに行こうか!!

※価格は当時のものです。

その日は2月の雪もチラつく寒い日。
某渋谷店
うーんウチだとサイズないですね
!!
ガーンッ
あっでも銀座某店に0.5カラットなら在庫あります!!
!!
それ
100万超えのヤツ!!
それは…
差額30万…
—いいよ
え?
今ならまだ間に合う
銀座に0.5カラット買いに行こう!!
でっでも100万超えるよ!?
かまわないよ
こんなこともあろうかと
お金多めにもってきた
!?
ドキューン

そうしてワイらは無事 婚約指輪を手に入れ…
どこで わたそうか？
んー
もう夜 おそいから…
三軒茶屋の キャロットタワー展望台 ならあいてる
じゃあ そこに行こう
キャロットタワーの 雪の舞う夜景を 見下ろす展望台で……
綺麗だね
うん
栄子ちゃん
これからの人生を 僕と一緒に生きて いきましょう
結婚して ください

――ハイ！
こうしてワイらは婚約した。
ありがとう本当は0.5が欲しかったの
僕も今日わたしたかったし…
ちょうどよかったねー
しかし、後日占い師にいい入籍日を調べてもらったところ…
ドン!!
絶対に2022年7月18日!!
占い師より☆
はえぇ――ッッ
あと4カ月――

お互い仕事で忙しい中…
彼が両親に挨拶。
バタバタ
入籍日に食事会とウエディングフォトを撮るコトになり…
みつもり
ワイはドレスやホテルの打ち合わせ。
ドッタバタな毎日。
ドタドタ
あとゼクシィ買ってエステも行ってネイルも行って
でもまず仕事ーッ
しかもダイエットや!!
しかも7月18日は海の日だったので休日窓口に行かねばならず
ここと ここに
ミスがありますよー
不備で戻って来ないように何度も区役所へ確認に。
婚姻届
でも休日だから家族みんな集まれて
しかもコロナ渦に誰一人欠けることなく
ワイらは無事結婚したのでした。
リンゴーン

景子ちゃんは泣いて喜んでくれて
おめでとう！
弟たちは相変わらずで
どこが良かったんですか
謎だよね
え
え
旦那さん家族はかなり緊張していました。
……
あまりしゃべらない。
そうして結婚したワイらでしたが別居婚だからあまり生活は変わらずあれから約2年が経とうとしています。
お茶行く？
旦那さんがおむかえにくる。
ところで
いいね
釣った魚にエサはやらない、とよく言いますが…
結婚してもマッサージしてくれる？
もちろん！
へ
結婚前に何度も確認するワイ
旦那さんは家に送ったマッサージベッドで
また無茶したね
あ゙お゙お゙ぉ゙ぉ
ゴリ
ゴリ
ゴリ
毎週のようにマッサージしてくれます。

しかも結婚一周年にサプライズで指輪をくれたり
わあ!!
欲しいって言ってたやつ
誕生日にサプライズでネックレスをくれたり
うわああっ
自分で買おうとしてたやつ
ケーキを買ってきてくれたり
アニメグッズを買ってきてくれたり
しかもだいたいサプライズ
でっぷり…
釣った魚にどんどんエサをやってぶくぶくに太らせています。
まあとは言えまだ2年目
こんな甘やかしがいつまで続くかわかりませんが…
どうせ最初だけやろ?
ちゃんと疑っている。→
とりあえず残りの人生
死が二人を分かつまで
いつまでも仲良く手をつないで歩いていけたらいいなあと思います。

Special Thanks（敬称略）

卯月潤（カバーカラー彩色、漫画仕上げ全般）

ぢゅん子（カバーカラー構図、試し読み）

やまねあやの（画材提供）

DAIGO（宣伝部長）

北川景子（宣伝最終兵器、帯コメント）

夫（いろいろ確認、マッサージ）

幽木遊貴（試し読み）

他、友人、家族のみんな

50婚書籍チームの皆様

KADOKAWAの皆様

印刷所の皆様

書店の皆様

他、この本に関わってくださったすべての皆様

この本の制作中応援してくださった皆様

この本を読んでくださったすべての皆様

LOVE ×××

おわりに

さて、お疲れ様でした。いかがでしたか？

何か少しでも刺さるものはあったでしょうか？　あるといいな！

漫画家の文字エッセイとしてはめっちゃ文字が多いと思われます。ちょっと思ってたのと違う……と思った方も多いのではないでしょうか？

今回、結婚報告のブログで本が出したいなと書いたら、4つの編集部が手をあげてくれました。で、条件などをいろいろ話し合い、KADOKAWAさんから出すことになりました。他にも情熱的な編集さんもいて、今回ご一緒できなかった方々ともいつか何かできたらいいなあと思う次第です。


ところで、漫画家である私がなぜ文字エッセイを書いたのかというと、単純に内容量が多いからです。これを漫画にしていたら全3巻はかかるし、ただ黒ウサギ（影木の自画像）がしゃべっているだけの作品になってしまいます。要するに内容がコミックエッセイに向いていなかった。

しかし、初めての文字エッセイ。正直なめてました（↑）。編集さんたちと何度も打ち合わせをして、書く内容も大雑把に決めてもらったにもかかわらず、実際自分の言葉で表現するというのは思いのほか大変でした。漫画だったらどう描いたら面白いかわかるけど、文字だと「これ面白いのかな？　どうかな？　わからないな？」という感じ。

なので、多少お見苦しい部分があると思いますが、なにとぞご容赦いただけますと幸いです。初めてだからね！　優しくしてよね！　――嘘です。厳しいご指摘お待ちしております。どちらにしろ一冊の本を出すのは山あり谷ありなんやなー。

内容的には、具体的な婚活や結婚生活以外にも、過去の恋愛性的コンプレックスや、人生におけるアドバイスまで書いています。

過去のお話は、なぜ50歳まで結婚できなかったかの理由として、あともしかしたら同じ悩みを抱えている方に共感してもらえたらいいなと思って書きました。

そして人生については、なんでしょう、自分と同じ失敗はしてほしくない、転ぶ前に助けられるなら助けてあげたい、という、おせっかい？です。いや、人は転んだほうが学ぶのかもしれないけど、前もって知っておいたらケガが軽く済むんじゃないかなと。人は実際体験しないと実感できないものだから、前もって言ってもけっこうムダなのはわかっているのですが、ふとした拍子に思い出してもらえたら、という感じです。

漫画家らしく、漫画も描き下ろしました。こちらは慣れているだろうと言われそうですが、私は自律神経をやってから、原作や原案、アドバイザーなどをメインに活動していたので、久しぶりの作画作業でした。しかもデジタル移行が間に合わず、結局アナログ原稿にペンまで入れて仕上げをデータに回すという。いやあ、ペン入れって本当に体によくないですね。漫画家の皆様はどうぞお体お気を付けください。

内容は、夫との漫画が一番のノロケと見せかけておいて、一番のノロケは景子ちゃんとの漫画です（笑）。家族とのエピソードはネタがつきないので、これに懲りずこれからもコミックエッセイを描きたいですね。例えば、夫のサプライズはこんなにうまくいってません（笑）。詳細を描ける日があったらまたいつか。

最後に、この本に関わってくださったすべての皆様、そしてこの本を手に取ってくださったすべての皆様に最大級の感謝を。

どうもありがとうございました！

またどこかでお会いできたら幸いです。

またね！

2024年5月

影木栄貴

影木 栄貴

漫画家。1996年『運命にKISS』（新書館）でデビュー。以後、少女漫画、BL漫画、百合漫画、エッセイ漫画などで活動中。現在は原作・原案を多く手掛ける。代表作『LOVE STAGE!!』（KADOKAWA）はアニメ化、映画化、タイではドラマ化もされた。
母方の祖父は第74代内閣総理大臣の故竹下登、弟にBREAKERZのボーカル・DAIGO、義妹は北川景子。

ブログ：https://ameblo.jp/eikieikiblog/
X（旧Twitter）：@eikieiki1206

50婚《ごじゅうこん》　影木《えいき》、おひとり様《さま》やめるってよ

2024年5月21日　初版発行
2024年8月30日　再版発行

著　者　影木栄貴《えいきえいき》
発行者　山下直久
発　行　株式会社KADOKAWA
〒102-8177　東京都千代田区富士見2-13-3
電話0570-002-301（ナビダイヤル）
印刷所　TOPPANクロレ株式会社
製本所　TOPPANクロレ株式会社

●お問い合わせ
https://www.kadokawa.co.jp/（「お問い合わせ」へお進みください）
※内容によっては、お答えできない場合があります。
※サポートは日本国内のみとさせていただきます。
※ Japanese text only
定価はカバーに表示してあります。

ISBN 978-4-04-606816-3　C0095